NÃO DEIXE PARA DEPOIS

REGINA F. LARK, PH.D.

NÃO DEIXE PARA DEPOIS

A relação entre
bagunça mental e
armários abarrotados

TRADUÇÃO DE Rafael Bozzolla

Copyright © 2020 Regina F. Lark

Título original: *Psychic Debris, Crowded Closets: The Relationship between the Stuff in Your Head and What's Under Your Bed*

Todos os direitos reservados pela Editora Gutenberg. Nenhuma parte desta publicação poderá ser reproduzida, seja por meios mecânicos, eletrônicos, seja via cópia xerográfica, sem a autorização prévia da Editora.

EDITORA RESPONSÁVEL
Flavia Lago

REVISÃO DE TEXTO
Bia Nunes de Sousa

REVISÃO TÉCNICA
Roberta Andrade

CAPA
Diogo Droschi (sobre imagem de Tom Wang/Shutterstock)

DIAGRAMAÇÃO
Guilherme Fagundes

**Dados Internacionais de Catalogação na Publicação (CIP)
Câmara Brasileira do Livro, SP, Brasil**

Lark, Regina F.
  Não deixe para depois : a relação entre bagunça mental e armários abarrotados / Regina F. Lark ; tradução Rafael Bozzolla. -- 1. ed. -- São Paulo : Gutenberg, 2020.

  Título original: Psychic Debris, Crowded Closets: The Relationship Between the Stuff in Your Head and What's Under Your Bed

  ISBN 978-65-86553-32-1

  1. Autoajuda 2. Autoconhecimento 3. Equilíbrio (Psicologia) 4. Limpeza doméstica 5. Organização I. Bozzolla, Rafael. II. Título.

20-46006   CDD-158.1

Índices para catálogo sistemático:
1. Autoconhecimento : Desenvolvimento pessoal : Psicologia aplicada 158.1

Aline Graziele Benitez - Bibliotecária - CRB-1/3129

A **GUTENBERG** É UMA EDITORA DO **GRUPO AUTÊNTICA**

São Paulo
Av. Paulista, 2.073, Conjunto Nacional, Horsa I
23º andar . Conj. 2310-2312.
Cerqueira César . 01311-940 São Paulo . SP
Tel.: (55 11) 3034 4468

Belo Horizonte
Rua Carlos Turner, 420
Silveira . 31140-520
Belo Horizonte . MG
Tel.: (55 31) 3465 4500

www.editoragutenberg.com.br

*Aos meus clientes cronicamente desorganizados:
por tudo que vocês me ensinaram, agradeço de coração.*

*Lembrem-se:
vocês não são suas coisas, e suas coisas não são vocês.*

SUMÁRIO

Prefácio 9
Introdução 11
Percepção de si mesmo: mídia e lixo mental 15
Ressignificando sucesso..19
Entenda sua bagunça..25
Organizar e descobrir..33
Ter coisas e guardar coisas 41
Colocando a organização de volta na sua vida 49
Identificando o que você precisa......................................55
Investindo em coisas que não vemos...............................61
Um caminho livre e desimpedido 71
Desorganização crônica:
a palavra-chave é "crônica"..81
Criando tempo para o tempo 87
Estratégias para criar tempo para o tempo.....................99
O ato de se livrar da bagunça..103
A opinião de um repórter 109
A história de Max Wong 115
Descarte apenas dez e comece outra vez: uma nova
abordagem para um velho problema.............................119
Mantenha o ambiente limpo e organizado 121
M.A.I.N.TA.I.N. [Manter]: uma nova maneira
de pensar e agir 131
Conclusão..137
Agradecimentos 139
Referências...141

> É possível encontrar uma **relação entre seu ambiente** e o que **está acontecendo naquele momento**, como você se descreve. Tudo isso, entrelaçado, **vira sua história**; é como você explica por que as coisas são como são.

Prefácio

ESTE LIVRO – no qual tive a honra de colaborar – é um convite para um grande desafio. Ele foi escrito com muita dedicação e estudo para nos apresentar, de maneira descomplicada, a relação entre as dificuldades do gerenciamento de tempo e a desorganização crônica (DC).

Primeiro, vamos entender como podemos criar um novo relacionamento com os espaços, com as coisas e com nosso próprio conceito de bagunça. Em seguida, vamos entender a importância da transformação dos hábitos.

Mas, para isso, vemos como é preciso identificar o que são nossos resíduos psíquicos, ou seja, quais são os pensamentos negativos presentes em nossas vidas, e, a partir daí, criar novas definições do que é bom, do que é certo, do que é sucesso para realmente nos livrarmos dessa carga que não nos deixa seguir adiante.

Ressignificar o que é sucesso, por exemplo, é primordial. Se você não consegue lidar com uma situação, é porque sua cabeça está transbordando de coisas ruins. Jogue todos os pensamentos negativos fora e deixe o caminho livre, sem bagunça!

Aprenda a separar quem você é das coisas que possui e evite sempre o "fazer depois", pois isso lhe impede de prosseguir. Excesso de bagagem exterior paralisa. Chega de compensações materiais! Comece a entender o que é necessidade, vontade ou desejo. Para organizar seu tempo e mudar seus hábitos, utilize-se da premissa de que "menos é mais", evite distrações. Divida a tarefa em partes menores, segmente. Descarte dez coisas por dia e compartilhe; a comunidade agradece!

Enfim, aconselho você a se libertar de conceitos prévios sobre organização e a seguir as ferramentas e tarefas dos próximos capítulos com afinco.

O desafio está lançado, mas cabe a você realizar a transformação que deseja para sua vida. Seja um ex-bagunceiro com orgulho!

Encerro por aqui, contendo-me na tarefa de evitar ainda mais *spoilers* deste livro maravilhoso. Espero que você tenha prazer e sucesso nesta leitura e seja bem-vindo ao primeiro dia do resto da sua vida organizada.

Roberta Andrade
Administradora de empresas, sócia/diretora da HEKATÊ Consultoria em Organização e De PO Para PO. Embaixadora internacional e curadora do maior evento de Organização da América Latina, também atua como *personal organizer* especialista em desapego, mudança de comportamento e desorganização crônica.

Introdução

QUANDO COMECEI a fazer pesquisas para este livro, meus clientes me deram a chance de explorar seus desafios. Sempre quando repetiam: "Eu não tenho tempo suficiente para...", mencionavam com frequência seus dilemas de *administração do tempo*. Mas, ao longo da minha experiência, percebi que não é possível *administrar* o tempo. O tempo é fixo e estamos atrelados às 24 horas que um dia tem.

Já observei que muitas pessoas – de clientes individuais a plateias que vão às minhas muitas palestras de "Introdução a organização" – têm um relacionamento péssimo com o tempo porque não podem *vê-lo*, tampouco *senti-lo*.

Assim sendo, embarquei em um aprofundamento sobre o tema, já que o tempo está relacionado com o processo de fazer as coisas, riscar da lista de afazeres, priorizar, procrastinar e atingir objetivos. Examinando os trabalhos de Ari Tuckman, Judith Kolberg, Dwight Eisenhower e Stephen Covey, descobri que nosso relacionamento com o *tempo* é especialmente importante no processo de esvaziar a mente e armários abarrotados. Tais pesquisas se relacionam tão bem com o material com que já trabalhava antes, que o tema mereceu dois capítulos exclusivos.

Um pouco antes de escrever este livro, me matriculei em um curso de 18 meses, equivalente a um mestrado, tornei-me aluna, e depois especialista em Desorganização Crônica (DC). Segundo Judith Kolberg, cofundadora do *Institute for Challenging Disorganization* (ICD – Instituto para a Desorganização Desafiadora) antes se chamava *National Study Group for Chronic Disorganization* (Grupo Nacional de Estudo sobre

Desorganização Crônica), a desorganização crônica tem três componentes: 1) persistência de desorganização severa por um longo período; 2) deterioração diária da qualidade de vida devido à desorganização; 3) histórico de esforços fracassados de autoajuda.

Meu trabalho nessa área de desorganização crônica implica explicar para meus clientes, e para o público das palestras, que um grande motivo da bagunça em que se encontram está mais ligado à maneira como o cérebro deles funciona do que a qualquer outra coisa. Já entrei em inúmeras casas onde ouvi algumas das seguintes afirmações quando as pessoas descrevem a bagunça e o subsequente caos que a desorganização pode trazer:

- Limpo e arrumo, mas ela sempre volta.
- Não sei como ficou desse jeito.
- Sou muito preguiçoso.
- Sempre foi assim a minha vida inteira.
- Tenho uma dúzia de livros sobre organização, mas parece que nada funciona.
- Minha mãe e minha irmã são do mesmo jeito.

A formação em DC me levou a compreender como fica a vida de meus clientes *depois* que saio de cada casa. Para garantir que vamos trabalhar para manter seus espaços arrumados, precisamos discutir as mudanças de hábitos que de fato vão fazer com que a bagunça e o caos voltem.

Para manter a bagunça sob controle, duas coisas precisam acontecer. Em primeiro lugar, mudar ou alterar os hábitos e comportamentos que permitem que a bagunça prospere. Em segundo lugar, criar um relacionamento novo e mais positivo com o espaço e as coisas.

Este livro pretende trabalhar a mudança do seu pensamento em relação à bagunça, com ideias e dicas para realmente manter seus espaços organizados. Também há um capítulo que explora em detalhes os desafios trazidos pela desorganização crônica. Vamos apresentar a sra. Max Wong, uma ex-*bagunceira* que descobriu uma forma especial de organizar que a levou a desenvolver um espírito comunitário, encorajando outros a se envolverem. Sua história serviu de inspiração para nossa comunidade no

Facebook, à qual chamamos *Clear Just 10, Then do it Again!* (Descarte apenas dez e comece outra vez).[1]

Quando terminar este livro, espero que você esteja tão empolgado para começar seus projetos de organização a ponto de se juntar ao nosso grupo. Você pode compartilhar a história dos seus objetos e ambientes, postar fotos de seus itens a serem doados, além de encorajar e dar apoio a membros da comunidade que lidam com problemas pessoais de desorganização.

---

[1] Para conhecer e participar do grupo, acesse: <bit.ly/34WYDLe>.

> Os **pensamentos negativos**
> são as coisas *internas*. A **bagagem**
> é o *exterior*, a manifestação física.
> Às vezes o exterior se manifesta como
> um problema de saúde.
> Às vezes é reflexo daquilo que está
> bagunçado em nossa vida.

PERCEPÇÃO DE SI MESMO: MÍDIA E LIXO MENTAL

O CÉREBRO pode ser uma arma poderosa ou um inimigo implacável. Ele pode alterar ou disfarçar aquilo que pensamos a respeito das coisas com a mesma facilidade com que nos faz negar ou duvidar de algumas certezas. Nós temos uma tendência de vestir pensamentos negativos com uma armadura, separando-nos da importante tarefa de transformar a maneira como pensamos a respeito de quem somos, e de como damos conta do recado. É como se o cérebro nos largasse em meio a nossa própria bagunça.

Uma das mais importantes e profundas lições que aprendi foi: "A única coisa sobre a qual tenho controle na minha vida, no universo, no planeta, nos meus relacionamentos pessoais e profissionais é o que eu penso desses relacionamentos".

A mente é tão poderosa! Ela permite exaltar ou denegrir a nós mesmos ou as pessoas que nos cercam.

Um dia, depois do banho, fiquei me olhando no espelho. Sabe quando saímos do chuveiro e ficamos ali, na frente do espelho, dando uma esculachada em si mesmo? Pois sei fazer isso como ninguém! Estava encarando a nova mancha senil no meu rosto, aquela, perto da nova ruga, perto do pescoço. Eu fui tão crítica! Tudo em mim parecia velho. Pensei: "Por que não posso simplesmente me olhar e dizer, *Uau, belos ombros, Regina*, e seguir em frente? Por que o que é negativo me atinge antes de qualquer outra coisa?".

E foi então que comecei a ouvir, a realmente escutar cada palavra que dizia quando descrevia minha vida. Eu precisava – e tinha o poder de –

mudar o que pensava de mim mesma. Quando me olho no espelho, preciso ver as coisas boas, as coisas positivas em mim.

Acho realmente que somos condicionados desde o momento em que nascemos a pensar que há algo errado conosco, e depois a acreditar nisso, especialmente quando somos bombardeados com anúncios na televisão, em outdoors, nas redes sociais e nas revistas que promovem o perfeccionismo. E acabamos nos cercando com as coisas que supostamente deveriam fazer com que nos sentíssemos melhor. Na verdade, estamos sujeitos a mais de quatro mil mensagens por dia que nos dizem que há algo de errado conosco, que existe um produto que pode resolver tudo.

Faço muitas visitas a clientes e volta e meia cruzo com vendedores de produtos antienvelhecimento, como se fosse possível reverter o processo. Mensagens negativas nos cercam a todo momento, tanto social como culturalmente. Nosso subconsciente acredita em tudo o que dizemos sobre nós mesmos. Como resultado, esse pensamento negativo, o jeito como nos criticamos o tempo todo é absorvido pelo cérebro e toma posse do nosso subconsciente. Existe uma profunda conexão entre a quantidade de pensamentos negativos e a quantidade de coisas que temos e das quais não precisamos. Vou tentar explicar melhor.

Esses pensamentos negativos são o que eu chamo de *resíduos psíquicos* ou *lixo mental*. Aquela voz interior que me diz que algo é impossível de fazer, que tal situação nunca vai acontecer, que sou muito isso, não o suficiente para aquilo, muito velha, muito gorda, que não tenho estudo suficiente etc... Estamos constantemente enchendo nossas cabeças com lixo, com imagens muito negativas de como nos percebemos.

Estou aqui para contar a minha experiência pessoal: de fato, nós começamos a acreditar nisso tudo.

Abri minha empresa de organização em 2008. Eu nunca tinha tido um negócio antes. Afinal de contas venho do meio acadêmico e trabalhava na universidade. *Outra pessoa* sempre assinava meu contracheque. Mas um dia, depois de um período relativamente turbulento, fui demitida do meu cargo de diretora dos cursos de extensão da Universidade da Califórnia, Los Angeles. Agora entendo que não era o emprego certo para mim e que estava tentando sair de lá por meses antes de ser efetivamente demitida. Ah, como o universo nos prega peças!

No dia em que fui demitida me senti tão agradecida, tão livre, e mesmo assim, era a primeira vez na minha vida que eu não tinha um plano. O que eu iria fazer? Sempre fui uma pessoa de pensamentos positivos, então, na minha cabeça não havia dúvida: com o que quer que me deparasse ou fosse o que tivesse de enfrentar, eu teria sucesso. Não havia outra opção. Mas intencionalmente criei um estoque de pensamentos positivos dos quais eu poderia me alimentar a cada respiro, a cada momento, todo santo dia.

Precisei definir para mim mesma o que era o sucesso. Comecei a trabalhar com um consultor de negócios. Algumas coisas negativas estavam se aproximando sorrateiramente do meu vocabulário, como: "Eu não sei fazer isso. Como você vende essa ideia? Não sei montar um plano de negócios". Meu consultor me explicava, então, que o lixo mental iria me derrubar. Por um lado, apesar de ter uma visão muito positiva das coisas, por outro, eu tinha essas dúvidas chatas sobre o que poderia ou não fazer. Então, mudei meu vocabulário. Prestava atenção em cada palavra que saía da minha boca. De verdade. Por exemplo, eu não entro em um ambiente cheio de mulheres e digo: "E aí rapaziada". Rapaziada? Até parece! Cada palavra que passou a sair da minha boca era proposital e o lixo mental começou a ir embora.

 TAREFA:

Descreva um pouco do lixo mental que você mesmo se impõe. O que vem à mente? O que diz a si mesmo que não consegue fazer enquanto cumpre as tarefas do seu dia? Com qual lixo mental você se identifica?

_____

_____

_____

RESSIGNIFICANDO SUCESSO

EU PRECISAVA ressignificar a palavra sucesso. Em nossa cultura, sucesso significa uma quantidade X de dinheiro no banco ou um tipo específico de relacionamento íntimo ou filhos que são os melhores da turma. Temos ideias pré-concebidas do que é o sucesso.

Quando montei a minha empresa, eu tinha pouco dinheiro, então precisava entender de verdade e definir para mim: "Regina, o que sucesso significa para você?". Cheguei à conclusão de que sucesso era não ter que pedir dinheiro emprestado ao meu pai. (Até agora, nos meus quase doze anos de empresa não precisei pedir emprestado. Eu sou um baita sucesso!) Todos os dias acordo me sentindo uma pessoa bem-sucedida porque decidi o que é sucesso para mim, mesmo que minha definição não seja a normalmente aceita. Para me livrar do lixo mental, tive que criar definições próprias do que é bom, do que é certo, do que é sucesso para minha empresa e para mim.

Eu ouço as pessoas falarem que são preguiçosas, que não sabem fazer "tal coisa" da maneira correta, independentemente do que "tal coisa" venha a ser. Vejo as pessoas se sentindo sobrecarregadas, além de seus limites, procrastinando, se sentindo tão assoberbadas que é difícil seguir em frente. Acreditamos nas nossas palavras negativas se insistimos em dizer a nós mesmos tais coisas. Sei que não é fácil mudar, mas quero que você acredite que pode fazer isso. Escolha as palavras de incentivo e de estímulo, as palavras positivas.

Agora que já começou a listar o seu lixo mental, quero que você o observe com mais profundidade. Aumente a lista que fez antes. Pense consigo mesmo. Observe à sua volta. Quando estiver sentado em um lugar confortável, pegue lápis e papel ou abra o aplicativo de anotações do celular e faça uma lista do seu lixo mental. O que você diz a si mesmo? Seja honesto. Pode até perguntar às pessoas em cuja opinião você confia (mas, atenção, isso pode fazer com que se sinta vulnerável. Caso se sinta desconfortável, não o faça).

Com o passar do tempo, leve sua lista com você e faça um X, com força, ao lado de um item como: *"Eu sou preguiçoso. Eu procrastino. Eu não consigo. É muito difícil. Eu não tenho tempo"*. Registre quando você diz ou pensa tais coisas.

Dê um passo à frente e esteja consciente do que está acontecendo em sua vida naquele momento e o que está levando você a falar essas coisas. Tenha consciência da velocidade com que o lixo mental entra na sua cabeça, ou sai da sua boca. Note a(s) palavra(s) que usa para descrever o lixo mental. Você vai perceber que isso acontece com muita frequência. É possível encontrar uma relação entre o seu ambiente e o que está acontecendo naquele momento, como você se descreve. Tudo isso, entrelaçado, vira sua história; é como você explica por que as coisas são como são.

 TAREFA:

Escreva as histórias que você usa para explicar, justificar ou entender a bagunça.

_____

_____

_____

_____

Este é um bom exercício para lhe ajudar a se concentrar no que está fazendo consigo mesmo. O objetivo NÃO é se punir. Bastante gente faz isso. Somos culturalmente condicionados a nos denegrirmos. Os quatro mil anúncios aos quais somos expostos todos os dias não são feitos para levantar nosso moral. Eles nos dizem que as coisas só vão acontecer se comprarmos um determinado produto. É só ir às compras, adquirir o novo creme facial, e assim por diante. Somos condicionados a não nos sentirmos bem com nós mesmos. Para nos sentirmos bem temos que fazer algo para e com nós mesmos, porque as mensagens que vemos e ouvimos todos os dias são a razão para que a negatividade siga em frente.

Dê uma olhada nos ambientes que lhe cercam. O que está debaixo ou em cima ou em volta da cama, ou na sala de estar? Como estão seus armários? Comece a pensar nesses ambientes, a bagagem exterior. Os pensamentos negativos são as coisas *internas*. A bagagem é o *exterior*, a manifestação física. Às vezes o exterior se manifesta como um problema de saúde. Às vezes é reflexo daquilo que está bagunçado em nossa vida.

Excesso de bagagem é ter mais do que você realmente precisa. Resolvi procurar a definição do verbo *precisar* no dicionário. Significa "*ter*, ser necessário, querer". O psicólogo Eric Erickson descreve necessidades básicas como sendo comida, água, abrigo e roupas. Algumas listas mais novas descrevem necessidades básicas parecidas e incluem alguns bens específicos.

Geralmente nos viramos muito bem para suprir as necessidades básicas, mas duvido que a maioria de nós supre bem as necessidades emocionais. E como não cuidamos e alimentamos bem essas necessidades, preenchemos nossa vida com a manifestação física daquilo que realmente talvez *não* precisamos. Continuamos a trazer mais coisas para dentro de casa, para nosso escritório. Em pouco tempo estamos cercados pela bagagem exterior daquilo que está efetivamente acontecendo em nossa mente. Ficamos cansados e sobrecarregados e não conseguimos progredir. Chegamos em casa após passarmos o dia inteiro dizendo coisas pouco agradáveis sobre quem somos, e depois olhamos a nossa volta e simplesmente não conseguimos lidar com a situação. Um motivo para você não conseguir lidar com isso pode ser porque sua cabeça está transbordando de coisas negativas!

Além das nossas necessidades básicas estão nossas vontades e desejos. Nossas vontades são mais bolsas, sapatos ou roupas, maquiagem, produtos antienvelhecimento, por exemplo. Nossos *desejos* podem ser um emprego melhor, talvez a paz mundial, coisas um pouco mais abstratas, amplas, esotéricas e não necessariamente materiais. Eu acredito que não somos capazes de aproveitar nossas vontades e desejos por causa da nossa bagunça. Nós simplesmente não conseguimos seguir adiante.

"

Leve em consideração
o que você acredita e deseja para
controlar uma situação e **chegar
a um resultado**, ou como vai ser
a reação dos outros diante de
sua atitude ou o controle que
eles têm sobre o resultado.

ENTENDA SUA BAGUNÇA

VOCÊ CONHECE a tirinha do Snoopy? Uma das personagens, Chiqueirinho, anda com uma nuvem de sujeira flutuando e rodopiando em volta dele. Essa imagem é uma ótima metáfora para o que está na sua cabeça. Parece que nossa bagunça nos rodeia enquanto caminhamos.

Bagunça é um termo que podemos usar para descrever o impacto que as coisas têm em nossa vida. Vou sugerir que você encare sua bagunça como o inimigo. Podem ser alguns pedaços de papel na mesa. Mas quando tudo se acumula em montes, pilhas e tralhas, e você precisa respirar fundo toda vez que olha para a mesa, aí está o inimigo, pois ele não está, de maneira alguma, a seu serviço de maneira positiva.

A bagunça acontece por dois motivos. Ou é uma situação crônica (discutida em mais detalhes adiante neste livro) em que a impressão é de que nunca conseguimos ser organizados, ou é pontual, e muitas vezes serve de pista para alguma coisa que está acontecendo em nossa vida. Passamos por uma mudança onde começamos a adquirir e acumular coisas e, consequentemente, a amontoar, e de repente nos vemos incapazes de mudar tal comportamento. A bagunça se torna paralisante.

Quando vou às casas e aos escritórios de muitos clientes, vejo pilhas de papéis e de coisas por toda parte. Não é preciso ser um Einstein para trabalhar com o que eu trabalho, mas frequentemente me deparo com pessoas que não sabem nem por onde começar de *tão* paralisante que a bagunça pode ser. As pessoas não conseguem vislumbrar um único cantinho que possa ser rapidamente limpo e organizado. Na maior parte das vezes, a bagunça é um resultado direto de adiar a decisão do que fazer com ela. Nós minimizamos, postergamos e não enfrentamos a bagunça por meses, às vezes por anos.

O que já notei é o seguinte: as pessoas têm uma mão estendida rumo ao futuro, segurando aquilo que elas acham que vão precisar um dia. A outra mão está agarrada ao passado, aos itens e artefatos que faziam sentido quando entraram na vida do indivíduo. Nos agarramos ao que podemos precisar e ao que já passou. Isso não deixa muito espaço (literalmente!) para nos sentirmos à vontade com o presente. É como se o passado e o futuro ofuscassem qualquer esperança de ter um presente livre, organizado.

Olhe o ambiente a seu redor. O que se passava com você quando adquiriu certas coisas que não têm mais serventia? Serventia no sentido de ser útil. Esse item ainda é útil? Você ainda o usa? Alguém na sua casa ainda o usa? Essa coisa ainda funciona? Ela é bonita e fofa? Tem alguma utilidade para sua alma ou seu intelecto, seu corpo? Você olha um objeto e pensa: "Não uso isso há anos". O que estava acontecendo quando ele entrou na sua vida? A maioria diz que tem dificuldade de desapegar das coisas, mas, quando desapegam, não vão substituí-las. É importante perceber isso. Se você acha que vai repor um item é porque ainda vai usá-lo de alguma maneira.

Você tem controle da sua bagunça? Quer simplesmente lidar com ela e não deixar que seja um inimigo? Uma tarefa sobre a qual eu quero que você reflita é identificar as coisas da sua vida que já não te servem. Escreva um pouco sobre o significado de ter algo que te serve. Além de comida, roupas e abrigo, e as coisas que são nossas necessidades básicas, observe porta-retratos, cartões de natal e aniversário, pilhas de papéis, quilômetros de arquivos, roupas. Você tem roupas no armário que não usa há seis meses, que não cabem, das quais realmente nunca gostou? É desmotivador olhar para essas roupas, e nos sentimos mal porque elas não cabem mais. E depois ficamos bravos porque paramos de (ou nunca começamos a) malhar, e já que não estamos frequentando a academia, temos um relacionamento horrível com nosso corpo e achamos que ninguém vai nos amar. *Socorro!*

 **TAREFA:**

Para você, o que é ter algo que lhe serve?

Isso é parte da dupla condenação que nos impomos. Nossas roupas estão apertadas e torramos um dinheirão para comprá-las, a ponto de essa culpa passar a ter um componente financeiro. Por que guardamos roupas que não cabem mais? Por que nos apegamos a elas? Não é de se espantar que não consigamos progredir. Não é de se espantar que estejamos desconfortáveis. A roupa, no final das contas, tende a ajudar a definir o sucesso, a se sentir bem com o próprio corpo e sentir qual é o corpo saudável para nós mesmos. Eu sou feita para um manequim 44. Nunca vou vestir menos que 44. Para mim é assim e pronto. E eu também nem deveria querer vestir um tamanho menor que esse porque com a minha altura e minha estrutura óssea, não fico bem se estou vestindo menos do que 44. Mas isso nem importa porque é assim que me sinto.

Tive que definir para mim mesma o que é ter um corpo bem-sucedido, mas o que é uma mente bem-sucedida? O que é uma empresa bem-sucedida? Não vivemos em uma cultura que estimula as pessoas a criarem seus próprios parâmetros. Se fosse assim, não compraríamos tantas coisas só para nos sentirmos melhor. Então, sugiro que você crie sua própria definição do que é saudável, bom e o que te atrai. Não temos que aceitar os parâmetros culturais! Não é uma tarefa fácil. Se fosse fácil, já teríamos feito!

Mas aí está o grande desafio: somos constantemente apresentados a uma série de *coisas* nas quais temos que prestar atenção e vão daquilo que alguém nos diz até o que achamos que precisamos comprar. Como reagimos a "o que outro disse" ou a "o que achamos que precisamos" é uma escolha totalmente pessoal: é a nossa *percepção* do que está sendo dito, ou de como tal produto na loja vai agregar valor à nossa vida. Parafraseando o grande, já falecido, Napoleon Hill, nossa percepção é como *pensamos* sobre algo em um determinado momento.

Nos anos que transcorreram até a publicação deste livro, passei a realmente entender o conceito de *percepção*. É como interpreto o que é ser bem-sucedida ou o que vai agregar valor e significado à minha vida. Praticamente tudo – como me sinto, o que vejo, como ouço as coisas – é interpretado através da lente da percepção.

Quando você decide que quer mudar algo na sua vida, talvez redefinir o sucesso ou o que é de fato ter um corpo saudável, vai querer se lembrar várias vezes do que isso significa para você. Logo, logo, essa redefinição vai virar parte do seu mantra. Logo, logo, na medida em que progride, sua mente vai ficar muito mais forte. E a maneira como pensamos é a única coisa que podemos controlar. Leve em consideração o que você acredita e deseja para controlar uma situação e chegar a um resultado, ou como vai ser a reação dos outros diante de sua atitude ou o controle que eles têm sobre o resultado.

Por três meses em 2011 minha empresa deu uma forte desacelerada e eu entendi que teria que colocar a teoria em prática. Sabia que as bagunças em Los Angeles, onde moro, não tinham sumido. Tive que abraçar de corpo e alma o meu próprio mantra de *conceber, acreditar, alcançar*. Eu nunca duvidei. Certamente não queria ter que procurar um emprego. Acredito em mim mais do que qualquer outra pessoa nesse planeta. Então o que fiz em três meses meio parada foi criar novas oficinas. Criei um seminário on-line, a partir do qual nasceu o primeiro rascunho deste livro. Fiz contatos e divulgação, e toda vez que recebia um e-mail a respeito de uma palestra, escrevia para o promotor do evento apresentando minhas ideias também. Não parei um minuto. Sei vender e tenho boas ideias. E sabia que, independentemente da circunstância, precisava continuar acreditando na minha capacidade de ter um mês bom, pois não queria pedir dinheiro emprestado para meu pai. Às vezes, esse era o único incentivo de que eu precisava. *Não* vou pedir dinheiro emprestado *para meu pai*. E até agora não tive que pedir. *Esse* é o parâmetro para mim.

Eu realmente acredito que você vai entender, efetivamente saber, que pode mudar o que acha a respeito da sua vida. Que seja suficiente por enquanto o fato de eu acreditar que você pode fazer isso até você mesmo começar a acreditar.

Revise e adicione itens à sua lista do lixo mental. Faça um traço ao lado daquilo que está acontecendo à sua volta. Comece identificando aquilo que você acredita ser o excesso de bagagem exterior na sua vida. Você não precisa fazer nada a respeito, apenas comece a identificá-la. Depois vamos dar uma olhada no que nossas palavras e coisas dizem sobre nós mesmos. Vamos aprender a separar quem somos das *coisas* que possuímos. Em seguida, vamos começar a abrir o caminho físico e o caminho em nossa psique. Meu objetivo é oferecer ferramentas para que você não precise mais se sentir mal ou negativo a seu respeito.

O objetivo é que você possa dizer "confio em mim". "Confio que eu posso progredir e eu acredito nisso." Pense na história da menina que assobia no escuro porque não quer se sentir solitária ou para evitar outras coisas que estão acontecendo. Podemos assobiar no escuro por um tempinho enquanto essa nova atitude entra em nossa consciência. Mas até mesmo esse assobio rápido vai desaparecer quando você tiver confiança e fé em si mesmo.

ANOTAÇÕES

Apegar-se pode ser
um reflexo de um período
da nossa vida em que
romantizamos o
passado.

ORGANIZAR E DESCOBRIR

JÁ TRABALHEI com muitos clientes que se livraram dos excessos e descobriram muitos itens de suas casas e locais de trabalho que já não serviam a um propósito maior. Isso me fez pensar a respeito dos tipos de coisas (e nossa percepção delas) das quais nos cercamos para nos sentirmos de uma determinada maneira ou para reagirmos à vida de uma forma particular. A bagunça e o caos dos resíduos psíquicos muitas vezes refletem os ambientes onde vivemos e, de alguma forma, damos um jeito de aceitar armários lotados, pilhas de papéis e cômodos abarrotados de coisas que já não usamos, queremos ou desejamos. Talvez nesses momentos não percebamos a desorganização como um problema. Vamos analisar como essa situação combina com a lista de palavras e frases que adicionamos à nossa lista do lixo mental.

Fazer depois limita. *Fazer depois* limita nossa capacidade de se movimentar. *Fazer depois* nos impede de progredir porque achamos que não há um momento apropriado para *fazer depois*. Quando adiamos uma tarefa, notamos que ela geralmente é incômoda por algum motivo. E, mais tarde, a atitude de *fazer depois* leva as coisas a se acumularem a ponto da tarefa se tornar desanimadora. Então, quando exatamente é *depois*?

O que você está passando parece inimaginável e te paralisa. Se for adepto de algum tipo de diário, veja se consegue obter mais detalhes. Isso é algo que sempre aconteceu com você? A maior parte dos nossos comportamentos é resultado direto da nossa infância. Resisti a esse preceito por muito tempo. Sou adulta. Tenho formação acadêmica. Como podem meus pontos de vista e a maneira como enxergo a vida serem ligados à minha infância? Sou tão diferente da minha mãe. Não sou nem um pouquinho parecida com meu pai. E mesmo assim havia mensagens o tempo todo sobre como eu internalizava sem nem me dar conta. Nunca me senti uma pessoa realizada, ou que poderia vir a ser, apesar da minha mãe sempre dizer para minhas irmãs e para mim que nós éramos bonitas e inteligentes.

A mensagem que minha mãe passava para si mesma era, ironicamente o completo oposto, e era nessa mensagem que eu estava me espelhando. Absorvi mensagens de que "não sou boa o suficiente, não sou suficientemente inteligente" porque era assim que minha mãe se sentia. E só muito tempo depois me dei conta de que tais mensagens estavam enraizadas em mim. Por isso continuava me vendo de maneira negativa e que simplesmente não me servia para nada. Então, essa atitude de *fazer depois* está ligada ao fato de que você está cansado, e de que seu trabalho lhe esgota emocionalmente. Se o cansaço o impede de agir agora, volte no tempo. Faça um *flashback*. O que, no seu dia, poderia fazer você se sentir menos cansado emocionalmente? Seria meditação? Dê uma olhada e tente ver de onde vêm essas mensagens para você começar a abrir espaço na sua mente e conseguir progredir.

Preste atenção nas mensagens do lixo mental. Você tem sorte se na sua cabeça estiverem apenas as mensagens de *fazer depois* e *estou cansado*. À medida que tomar consciência de como está navegando pela vida, você poderá se deparar com mais algumas mensagens. O *fazer depois* gera resistência. O *fazer depois* reflete algo maior.

 TAREFA:

Quando você deixa para *fazer depois*?

___

___

___

___

Nossas palavras e nossos pertences, o que dizem sobre nós mesmos? Ou melhor, o que dizem a nosso respeito? O que as coisas das quais nos cercamos ou às quais nos apegamos dizem sobre nós? O que representam para você? Se forem as roupas, o que dizem sobre o fato de estarem penduradas no seu armário?

Tenho a impressão de que muitas pessoas, independentemente de como vivem a vida, tendem a se apegar a coisas que já não refletem quem são. Apegar-se pode ser um reflexo de um período da nossa vida em que romantizamos o passado. Olhamos o passado com um carinho considerável; com esse carinho vem o apego à bagagem daquele período, sem levarmos em consideração que o agora tem o potencial de ser, ou já é, incrivelmente bom.

Passei por dois grandes momentos de transição na minha vida. Um, quando eu estava no processo de me entender como lésbica, e o outro quando soube que um relacionamento amoroso de muitos anos tinha chegado ao fim. Nessas duas circunstâncias, antes do momento de agir, me peguei refletindo sobre minha vida futura. Nem cheguei a pensar no passado. Estava mirando à frente, ao que era possível, ao que o futuro poderia me reservar.

Também me dei conta de que muitas vezes nos apegamos às nossas lembranças do passado por meio de itens, bens. Essas coisas, além de estarem ultrapassadas, refletem pensamentos ultrapassados sobre quem somos. É tudo lixo mental. O lixo mental negativo se manifesta no lixo físico, tangível. Nos vemos cercados de artefatos e itens que refletem como nos sentimos acerca de nós mesmos. Aquilo que continuamos a adicionar à nossa vida vai permanecer em nossa vida. Se continuamos a adicionar itens que não fazem bem ao nosso moral ou à nossa alma, ou não removemos os itens que não nos servem mais, simplesmente vão continuar em nossa vida, e nem percebemos o que estamos fazendo com eles.

Enquanto escrevia este livro, estava lendo um livro chamado *Um cavalheiro em Moscou*. Ainda no início da leitura, me deparei com este trecho, que achei apropriado incluir aqui:

> É engraçado, refletiu agora, pronto para deixar a suíte. Desde a mais tenra idade, devemos aprender a dizer adeus a amigos e família. Nós nos despedimos de nossos pais e irmãos na estação; visitamos primos, frequentamos escolas, entramos no regimento; casamo-nos ou

viajamos para o exterior. É parte da experiência humana segurar um bom companheiro pelo ombro e lhe desejar tudo de bom, encontrando conforto na ideia de que teremos notícia dele em breve.

Mas é menos provável que a experiência nos ensine a dizer *adieu* a nossos pertences mais queridos. E se nos ensinasse? Não acolheríamos bem a lição. Porque, no fim, mantemos nossos pertences mais próximos do que nossos amigos. Nós os carregamos de um lugar para outro, muitas vezes com consideráveis despesas e inconvenientes; espanamos e polimos suas superfícies e repreendemos as crianças por brincar muito perto deles o tempo todo, permitindo que as memórias os invistam de mais e mais importância. Esse armário, tendemos a recordar, é o mesmo em que nos escondíamos quando pequenos; e eram esses os candelabros de prata alinhados em nossa mesa na noite de Natal; e foi com esse lenço que ela uma vez secou suas lágrimas, etc. etc. Até acreditarmos que esses pertences cuidadosamente preservados podem nos transmitir consolo genuíno diante de um companheiro perdido.[2]

Quando algo entra em nossos ambientes, imediatamente damos um "valor" a essa coisa. Tudo tem um valor: leite, papel-toalha, arte, livros. Mas quando a caixa de leite está vazia, a caixa não tem mais valor e vai para a lata de lixo. O leite se foi e nós seguimos em frente.

É uma estranha ironia que nós não pensamos nas nossas coisas de forma semelhante. Se um relacionamento terminou, ou se nosso gosto para decoração mudou, por que insistimos em nos apegarmos a algo quando perde o valor original? O relacionamento já era, então siga em frente e jogue fora aquele urso de pelúcia!

De onde vêm as nossas coisas? Olhe para os dezessete vestidos de festa no seu armário e talvez você lembre porque os têm, de onde vieram, e quem sabe a loja em que foram comprados. Todo mundo tem coisas. Temos uma série de itens que amamos ou de que precisamos. Alguns deles foram comprados por nós mesmos, e são muitas vezes nossos lençóis, os livros que gostamos de ler e por aí vai. Trazemos objetos materiais para nossa vida por uma série de motivos.

---

[2] TOWLES, Amor. *Um cavalheiro em Moscou*. Rio de Janeiro: Intrínseca, 2018, p. 22 [trad. Rachel Agavino].

Alguns desses objetos nos foram dados por pessoas que não fazem mais parte do nosso convívio, talvez com quem nem falamos mais. Eu trabalho com muitos clientes que se apegam a cartas de amor de namorados e namoradas de muito tempo atrás. Quando eles olham essas cartas, lembram-se de que eram amados, jovens e de que não tinham preocupações. Mesmo sem encontrar aquela pessoa há muito tempo, desapegar das cartas deixa a impressão de que estamos abandonando uma parte de nós mesmos que não mais existe. Essa é uma boa razão pela qual as pessoas se apegam a coisas dadas por pessoas que não fazem mais parte de sua vida. Muitos de nós ganhamos coisas de pessoas que nos presentearam com boas intenções, mas são coisas de que não precisamos. Essas coisas não nos servem, e mesmo assim deixamos essas coisas visíveis porque quem deu o presente talvez nos visite um dia! Eu notei que as pessoas se apegam a algo de que não gostam, não querem, não precisam ou tampouco desejam, mesmo que isso contribua para a sua bagunça! Elas dão valor ao item porque a pessoa que deu o presente atribuiu valor ao item.

Eu conheço pessoas que tiram as bugigangas de que não gostam do armário quando quem presentou vai visitar. Não é sincero fazermos isso quando não estamos contribuindo positivamente para nós ou quem nos presenteou. Se alguém segue lhe presenteando coisas inúteis, talvez seja a hora de você criar coragem para ter uma conversa sobre os presentes.

 TAREFA:

Que itens você manteve só porque foram um presente de alguém especial, mas são itens dos quais você realmente não gosta?

_____

_____

_____

Tenha uma caixa em casa para colocar os presentes sem utilidade ou que não sejam apropriados. A cada dois meses, doe os itens da caixa e repasse o presente. Muitas famílias tem uma quantidade imensa de tralhas, e então a mãe dá para a filha a sopeira francesa feia porque ela, a mãe, não quer decidir sobre o que fazer com o objeto. Os membros acabam sobrecarregando uns aos outros com coisas que ninguém de fato quer, usa ou deseja ter.

As pessoas têm em casa objetos que são um total mistério. Ninguém sabe de onde vieram – não por falta de zelo, mas porque o item está lá há muitos anos e não é usado há muito tempo. Elas também não lembram porque têm aquilo ou se ganharam de alguém, mas se apegam e afirmam: "Um dia posso precisar disso". Comece a pensar nas coisas que te cercam. De onde vieram, para que servem, há quanto tempo você as tem, e há quanto tempo não as usa? Como é esse tal de "um dia posso precisar"?

Quando suas coisas viraram tralhas? Por si só, as coisas são apenas coisas. Individualmente são bens materiais, objetos. Mas, em algum ponto, em conjunto, para muitas pessoas as coisas se transformam em tralhas. Eu diria que algo vira uma tralha quando já não temos mais um lugar para aquilo. Os objetos que pretendemos guardar precisam ter um lugar para ficar, um "lar". Coisas espalhadas não tem lar, são sem-teto. Temos casas lotadas de "objetos sem-teto" que se transformam em tralhas quando não têm mais serventia ou um lugar para ficar.

Algumas pessoas se apegam a coisas quebradas ou porta-retratos sem vidro. "Um dia eu vou mandar colocar um vidro." Ou guardam miçangas porque um dia vão fazer um colar. Apegam-se a coisas que não têm valor agora, mas supõem que podem ter um valor no futuro. Mas agora, no presente, esses objetos não têm utilidade, e ficar olhando ou testando onde colocá-los não vai ser útil, a não ser que sejam consertados ou jogados fora. Se não há espaço para todas as suas coisas, elas viram tralhas. Se não tem utilidade, é tralha. Se está quebrado ou estragado, é tralha. Nossa casa está abarrotada de tralhas.

Para alguns, a bagunça acaba se tornando o inimigo devido ao modo como nos sentimos quando entramos em um quarto e nos deparamos com ela. Mas não são os outros ou as coisas que nos deixam assim. É nossa percepção. O controle está em nossa mente. Mas quando nos deparamos com certas situações ou pessoas, nos sentimos mal, feios ou burros, preguiçosos ou como quer que seja o lixo mental que se acumula. É nessas situações que estamos frente a frente com o inimigo.

Para mim, nosso quarto é um santuário. É onde descansamos e onde nos rejuvenescemos. Mesmo assim já vi quartos onde a metade da cama está coberta de papéis, livros, arquivos, canetas, blocos e coisas que não ajudam a relaxar, meditar e descansar. Se algo não te acalma, é seu inimigo. Ao ver a bagunça sob a perspectiva de como ela nos bloqueia, passamos a pensar nela como uma força maligna. Não sei se essa é a palavra certa, mas a bagunça realmente tem um poder muito negativo. É ela o inimigo que devemos combater com todas as forças e manter sob controle, se volta contra nós quando não podemos ou queremos mais receber visitas ou quando não conseguimos tirar proveito dos nossos ambientes há um tempo considerável. Se a bagunça nos leva a redobrar os esforços, ou triplicar, só para podermos ficar relaxados, então ela já é sua inimiga.

Não sei se isto tem relação com o mantra "deixar para depois", mas se olharmos à nossa volta, onde moramos, dormimos, e pensássemos na lista de lixo mental e no "deixar para depois", notamos algo que reflete esse comportamento que não é necessariamente as pilhas de coisas em si, mas *algo* nessas pilhas?

Muitas pessoas têm problemas com o peso. A maneira como se sentem a respeito de seu corpo é boa ou ruim dependendo dos casos. Não importa o que diz a balança. Se você se sente saudável e satisfeito, e acha que seu peso lhe permite ter uma vida plena e produtiva, a balança é irrelevante. Mas também acredito que as pessoas que se desfazem de roupas apertadas sentem que, ao fazerem isso, estão cedendo a uma realidade aparentemente negativa. A boa notícia é que podemos continuar a nos fazer bem mesmo sem termos clareza do que precisamos agora. Faz sentido?

> Não são os outros ou as coisas que nos deixam assim. **É nossa percepção**. O controle está em nossa mente.

TER COISAS E GUARDAR COISAS

SE CAIXAS com livros transbordando estão criando um risco de acidentes domésticos, sua saúde e segurança estão comprometidas. Os livros podem ser nossos amigos, e roupas podem ajudar na autoestima e nos aquecem, mas se essas coisas estão causando perigo de vida, então elas são inimigas e não servem mais como deveriam.

Já conheceu alguém que simplesmente acha que não tem nada o suficiente? Uma amiga que reclama não ter dinheiro nunca, mas que compra dezenas de bolsas? Isso já diz muito sobre tal pessoa, uma vez que as bolsas custam dinheiro. E outras que estouram o limite dos cartões de crédito comprando essas adoráveis bolsas que continuam custando dinheiro.

Tais pessoas tentam preencher um vazio ou sentir que estão no comando a todo custo. Elas não se sentem suficientemente bem e então se cercam de revistas e perfis nas redes sociais que mostram como estar suficientemente bem, como ser melhor, mais forte, mais magro, mais ousado, mais bonito, mais desejado etc. É comum nos cercarmos dessas informações quando sentimos que, de alguma forma, nos falta a capacidade ou inteligência. Nos cercamos de um monte de coisas porque nos falta algo. Continuamos a comprar porque de alguma forma acreditamos que as compras irão melhorar nossa vida. É por isso que agora dou o "cartão anticompras"[3] aos clientes que compram mais que a média. Guardado

---

[3] Se você quiser um "cartão anticompras" para a sua carteira, me mande um e-mail no endereço: regina@AClearPath.net ou acesse a página do livro em: <grupoautentica.com.br> e baixe o arquivo do cartão em português. [N. A.]

na carteira, na frente do cartão de crédito, os clientes são encorajados a ler antes de comprar:

- Eu preciso disso?
- Isso vai fazer bem ao meu coração ou à minha mente?
- Isso vai me deixar contente?
- Isso é muito caro?
- Onde isso vai ficar na minha casa?

Compramos coisas que não necessariamente queremos e nos apegamos a elas com base no preço ou alguma possível valorização no futuro. É como se tivéssemos uma de nossas mãos esticadas, agarrando-se àquilo de que poderemos precisar um dia. A outra mão está lá atrás, apegando-se ao que já aconteceu. À frente, estamos apegados a um futuro desconhecido e sem nome, que chamamos de "um dia". Temos medo de que algo possa acontecer (ou não!) se não tivermos esse objeto específico para "algum dia" porque, quando esse dia finalmente chegar e nós não tivermos tal coisa, estaremos despreparados e isso é ruim. Um problema de se apegar ao "um dia" é que a maioria das pessoas costuma ter inúmeros "dias" no horizonte. Apegar-se a essa data hipotética provavelmente significa que você tem um monte de coisas espalhadas e que não vai conseguir encontrar aquilo que sabe que tem, se esse "um dia" efetivamente chegar.

E a mão que está lá trás? A que se apega ao passado? Acreditamos que os resquícios e artefatos do passado carregam uma importância especial, tão significativa que temos que guardá-los para... o quê? Você consegue perceber a força da sua ligação com o passado? O que há nessas bugigangas e cartas, jornais e revistas antigas, roupas de quando tínhamos 5 anos de idade, que nos leva a guardá-los?

Sempre agradeço o fato de meus pais estarem vivos. Todos os anos eles me mandam um cartão de aniversário que guardo junto com os outros que recebo. Depois de duas semanas, todos os cartões saem da estante e são relidos. Guardo uns dois com palavras particularmente carinhosas, e sempre guardo o cartão dos meus pais. A cada ano descarto o cartão do ano anterior. Cheguei à conclusão de que, apesar de não saber se esse será meu último aniversário em que eles estarão aqui, tenho a clareza de que só preciso de um cartão assinado pela minha mãe que diz: "Te amo tanto".

Uma mão na frente apegada a um futuro sem nome e outra atrás, agarrada a um passado distante, são normalmente responsáveis pela bagunça com a qual estamos tentando lidar no presente.

Agora, convido você a correlacionar sua lista de lixo mental com as coisas ao seu redor. Veja onde o "um dia" ou o "depois" está atuando para manter as coisas empilhadas. Olhe para tudo. Existe um padrão para as coisas às quais você está se apegando? No momento, quais são as tarefas adiadas e por quê? Há certas coisas nessas pilhas que refletem... o quê? É muito provável que haja um padrão. Gostaria de saber se, para você, existe uma ligação entre espaços que estão muito entulhados e um forte apego ao passado, ao presente ou a ambos.

 TAREFA:

O que há de comum nessas pilhas e qual é o padrão delas? Pense em termos gerais.

_____

_____

_____

_____

_____

_____

Eu me arrisco a dizer que há padrões similares em todas as pilhas. Pode ser a ideia de lixo – lixo eletrônico, objetos de que você não precisa mais, mas que simplesmente não está pronto para tirar da sua vida. É provável que haja algo que reflete um quadro mais amplo. Veja sua lista de lixo mental. Como ela reflete aquilo que você está acumulando? É como a roupa de festa que mencionei antes; um reflexo de como as coisas estavam naquela época.

O que as coisas às quais nos apegamos contam daquele momento em que entraram em nossa vida? Desconfio que seja bem diferente para cada um.

A boa notícia é que *nós não somos as nossas coisas*. Elas são apenas um reflexo temporário de onde estamos neste exato momento. Gosto da ideia de que somos pessoas poderosas internamente, que podemos trabalhar a mente para alterar padrões e mudar a relação que temos com os objetos. E, assim que mudamos esse pensamento, nossa vida provavelmente vai mudar. Temos a impressão de que o que está acontecendo no presente é temporário, mesmo que já faça parte da nossa vida há muito tempo.

Nesse ponto, sabemos que isso é temporário porque, à medida que mudamos os pensamentos e os comportamentos, o modo como as coisas refletem nossos hábitos também muda. Isso me deixa otimista quanto a entendermos que mudar é possível. A mudança de fato acontece quando alteramos nosso pensamento sobre os objetos e sobre como passamos pelos momentos da vida. Algo acontece e a relação entre o que se passa dentro da sua cabeça e as coisas entulhadas nos armários passa a fazer sentido. Talvez não fizesse sentido no mês passado ou um ano atrás. Há uma guinada no seu universo pessoal que está permitindo que isso se reflita em sua vida. Eu te incentivo a abraçar esse sentimento. A mudança que queremos ver talvez não aconteça do dia para a noite, mas ela definitivamente vai acontecer.

Continue se esforçando para mudar o modo como você pensa e fala do presente e da sua percepção das coisas. Eu o convido a prestar muita atenção em cada palavra que sai da sua boca. Será preciso mais um esforço para que isso aconteça. Vai ser necessária muita dedicação. É preciso confiar no processo e ser paciente durante esse tempo. Mas realmente comece a escolher pensamentos e palavras que farão você se sentir bem com relação ao espaço que lhe cerca e ao momento no qual você se encontra em sua trajetória. Só depende de você fazer essas escolhas. Em primeiro lugar, em sua mente. Com o tempo você irá perceber como essas escolhas estão saindo da sua cabeça, como quando limpamos a sujeira que escondemos debaixo do tapete. Tenha certeza de que está seguro, de que você pode lidar facilmente com essas mudanças.

Comece olhando ao seu redor e identifique as coisas de que não precisa mais, quer ou deseja ter. Qual será o seu próximo passo agora que você sabe que muitas delas são um reflexo do que está acontecendo na sua cabeça? Qual é a sua percepção sobre o significado das coisas que possui?

 TAREFA:

À medida que você muda do conceito de lixo mental para algo mais positivo, comece a identificar aquilo de que você não precisa. Quais itens já não te servem mais? E, à medida que os dias passam, fica mais claro do que é que você não precisa? Por enquanto você não tem que fazer nada a esse respeito. Apenas comece a olhar em termos de necessidade, vontade e desejo.

Às vezes, durante algumas sessões com um cliente, peço para ele colocar pequenos *post-its* nos itens que não são mais necessários. Quando retorno, ou descartamos alguns objetos na hora, ou temos uma conversa sobre qual o desafio de se desapegar deles. Mas, uma vez que um *post-it* é colocado em um objeto, uma decisão está sendo tomada sobre ele: "Eu não preciso disso". Agora, o próximo passo é decidir como tirá-lo da sua vida.

COLOCANDO A ORGANIZAÇÃO DE VOLTA NA SUA VIDA

TRABALHEI COM clientes que afirmam não ter dinheiro suficiente ou que não sabem para onde o dinheiro vai. Questões financeiras se transformam em um problema enorme, e mesmo assim haverá dezenas de bolsas. As bolsas, além de uma manifestação física da bagunça, de certa maneira estão relacionadas à ideia de eliminar a insegurança financeira. Onde guardamos o dinheiro? Muitas mulheres literalmente depositam seu dinheiro em bolsas.

Percebi que há três elementos que são partes essenciais da vida de qualquer ser humano: dinheiro, coisas e relacionamentos. E a ironia é que na maior parte dos casos ninguém nos ensina – na escola ou em casa – como lidar bem e de maneira bem-sucedida com todos, ou pelo menos um, desses elementos. Não é surpresa que a maioria das pessoas enfrenta desafios em uma ou em todas essas áreas. Altas taxas de divórcio e a proliferação de empresas que alugam espaço de armazenamento dizem muito sobre como somos mal preparados para lidar com nossos pertences.

Há anos tenho me dedicado a entender melhor como as mensagens negativas invadem nossa cabeça, o que chamo de lixo mental. Existe uma relação entre aquilo que você enxerga nos seus ambientes e aquilo que você descreveria como tralha? Verifique na sua lista de lixo mental e de pensamentos negativos. O que eles dizem sobre o porquê de você não estar fazendo o que gostaria de estar fazendo na sua vida, e por que tal bagunça ainda faz parte da sua vida? Você consegue ver indícios do lixo mental na sua bagunça?

Se, por causa do acúmulo de coisas, você sente pânico ao não encontrar nada, parece que perdeu o controle, certo? Normalmente haverá uma consequência, tal como tomar uma multa por atraso no pagamento da fatura, perder a cobertura do plano de saúde por informações que não foram preenchidas ou se esquecer de renovar o seguro do seu carro. Há sérias consequências para quem não consegue fazer as coisas a tempo. Como você lida com essas situações? O que acontece com o lixo mental? Você consegue manter o foco? Ou sua cabeça já levantou voo com pensamentos indesejáveis sobre si mesmo?

TAREFA:

O que você está sentindo/pensando a esse respeito?

_____
_____
_____
_____
_____
_____
_____
_____
_____
_____

Uma matriz foi desenvolvida há alguns anos por Stephen Covey para ajudar as pessoas a organizarem os seus dias de forma que atinjam seus objetivos. Muitas pessoas chamam isso de administração do tempo, mesmo que não consigam, nem de longe, administrar o tempo delas. A matriz inclui: *urgente e importante, urgente-mas não importante e não importante-não urgente, importante mas não urgente*. A tabela ajuda as pessoas a priorizarem o que querem e o que precisam fazer.

	URGENTE	NÃO URGENTE
IMPORTANTE	Aquecimento não funciona, aquecedor de água estragado, energia elétrica caiu etc. Ligar para o 190 Filha tropeçou, ralou o joelho! 1	Período de meditação/relaxamento Ter tempo para os amigos e família Bem-estar físico e saúde mental 2
NÃO IMPORTANTE	3 Distrações/interrupções de colegas de trabalho que tentam fazer do "urgente" deles o seu "urgente"	4 Ver os programas de TV gravados Ir ao cinema Atualizar o Facebook

Segundo Dwight Eisenhower, "o que é importante raramente é urgente, e o que é urgente raramente é importante". Antes de se tornar o 34º presidente dos Estados Unidos, Dwight D. Eisenhower era um general que ocupou o cargo de Comandante Supremo das Forças Aliadas na Europa durante a Segunda Guerra Mundial. Era uma baita responsabilidade e ele sabia a importância de priorizar. Certamente conseguia diferenciar algo urgente de algo simplesmente importante. Portanto a Matriz de Eisenhower representa um precursor da Matriz de Covey, que é mais popular hoje.

	URGENTE	NÃO URGENTE
IMPORTANTE	FAÇA AGORA	Decida quando vai fazer
NÃO IMPORTANTE	Delegue para outra pessoa	FAÇA DEPOIS

Muitas das questões "urgentes e não importante" tendem a nos fazer perder o foco ao longo do dia. Outras pessoas decidem que suas próprias questões são muito importantes e que precisamos prestar atenção nelas. Isso acontece com frequência com quem trabalha em grandes empresas ou quem cuida da família. Os filhos acham que tudo o que eles dizem é a coisa mais importante para os pais. Um dia eu estava conversando com um cliente que trabalha em casa. Os vizinhos dele acham que não há problema em tocar a campainhia o tempo todo. De uma hora para outra o urgente deles vira o seu urgente, e trata-se de uma questão que nem é muito importante para você.

A matriz nos ajuda a estabelecer limites e dar prioridade às tarefas do dia. Por exemplo, abra sua correspondência assim que ela chega todos os dias, não deixe que ela se acumule. Uma vez que seu hábito se consolida, a pilha de cartas vai diminuir. O significado que está por trás da pilha também vai diminuir já que as coisas parecem muito mais realizáveis.

Muitas pessoas acham difícil priorizar tarefas porque têm um péssimo relacionamento com o tempo e não sabem quando agendar coisas importantes. Tente criar uma matriz para administração diária do tempo e comece a afixar pelo menos as tarefas mais importantes/ urgentes para você.

IDENTIFICANDO O QUE VOCÊ PRECISA

COMO VOCÊ sabe do que precisa ou não em sua vida? Revise as anotações que fez nos capítulos anteriores. O que não te serve? Você se lembra das mensagens negativas? Elas não nos servem de maneira nenhuma. Vamos investigar as razões pelas quais, em vez de seguirmos em frente, insistimos em guardar esse arquivo de pensamentos negativos.

Por que nos apegamos a coisas, pensamentos, pessoas ou posicionamentos negativos que não nos servem? O que aconteceria se grande parte de seus pensamentos fosse positiva e encorajadora? Isso soa como algo que você poderia fazer ou parece impossível, talvez nem mesmo realista? O que é o investimento em manter a negatividade e qual é o medo de mudar esse padrão? O que está por trás do pensamento negativo? Nós não estamos acostumados a explorar o *porquê* dos nossos pensamentos, por exemplo, ou o *por que* julgamos nossa própria aparência. Eu realmente tive que pensar a fundo e descobrir porque insistia em me prejudicar e me botar para baixo.

As pessoas me diziam: "Você está bonita hoje". Eu sempre respondia: "Não, não estou". Por que dizia isso? Queria ganhar mais elogios? Realmente não acreditava que estava bonita? E, se naquela época realmente não acreditava, será que ainda não acredito? Ao negar o elogio estou chamando aquela pessoa de mentirosa? A ideia de conversa negativa girando em nossa cabeça vem de algum lugar. Quais são os motivos para ainda nos apegarmos aos resíduos psíquicos?

TAREFA:

Por que você acha que se apega a pensamentos que não te servem?

Acho que muitas pessoas não estão em sintonia com os *porquês* do que elas pensam e fazem. Costumamos fazer as coisas por hábito. Quantas vezes estávamos no trabalho quando alguém diz: "Saco! Hoje é segunda". Segunda é um dia de recomeço, mas o consenso é de que há uma longa semana pela frente, como um fardo. Está nublado, o tempo está péssimo e você se deixa contagiar por esse astral, esse tom, essa sensação. É quase uma resposta automática. De uma hora para a outra, sua segunda virou um porre. Talvez você tenha começado o dia se sentindo bem, animado e preparado, mas esse astral te desanima. Temos uma tendência de não prestarmos tanta atenção ao que está entrando no nosso cérebro, ou o que está saindo da nossa boca, especialmente quando fazemos um esforço para nos enquadrar no comportamento de manada, típico das empresas. Talvez, se prestássemos a mesma atenção às mensagens que entram e às que saem, começaríamos a ouvir mais as palavras positivas e a fazer algumas mudanças.

 TAREFA:

Comece a anotar as respostas automáticas para coisas como o dia da semana ("Sextou!"), a previsão do tempo, a sorte de alguém ("Eles são mais sortudos do que eu."), o resfriado de um amigo ("Eu sempre fico doente quando tem alguém espirrando."). Como você acha que esse comportamento de manada contribui ao quadro geral que você pinta da própria vida?

“

Se a **bagunça**
nos leva a **redobrar**,
ou **triplicar**, os esforços, só para
podermos **ficar relaxados**,
então ela já é sua **inimiga**.

INVESTINDO EM COISAS QUE NÃO VEMOS

COLOCAMOS UMA tremenda pressão em nós mesmos para estarmos o mais próximo possível da perfeição. Não sei se fazemos isso conscientemente, mas, *inconscientemente*, não gostamos de fazer papel de bobos, de cometer erros ou de desperdiçar dinheiro. Costumamos focar nos indícios daquilo que achamos que são nossas fraquezas. E os outros também fazem isso. Há um ótimo comercial de TV que mostra um homem polindo e dando manutenção na lataria do seu carro. Uma mulher para do lado dele e diz: "Não sei se você precisa fazer isso agora". Ele pergunta: "Quem é você?". Ela responde: "Sou a segunda dona". Ele diz: "Acabei de comprar esse carro novinho em folha!". Ela conclui: "Entendo, mas vou comprar esse carro depois".

Eu adoro isso! É tão linear. Existe uma continuidade em ter, em possuir, em uma segunda vida que simplesmente não vemos no nosso dia a dia, talvez nunca! Quando investimos em coisas, estamos investindo na mesmice? O que essas coisas significam para nós? Como ficou tão importante nos vermos em uma bagunça sem podermos nos mover livremente em nossos espaços? Simplesmente mantemos os entulhos. Quando eu digo isso, o que você sente?

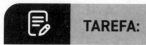

Reflita sobre o parágrafo acima. Que sentimentos essa reflexão traz para você?

É comum nos apegarmos às coisas porque equiparamos o descarte de um item com o descarte de quem nos presenteou. O objeto torna-se a personificação desse alguém. Há pessoas com transtorno de acumulação que acreditam ser impossível se separar das coisas porque cada objeto tem vida. E o curioso é que muitos dos que têm esse transtorno são pessoas extremamente inteligentes, de boa formação acadêmica e QI alto. Elas até sabem que o pote de iogurte não é um ser vivente, que respira, mas o cérebro cria um cenário, chamado antropomorfismo, que personifica o objeto. Assim sendo, alguém pode pensar: "É melhor eu tirar a tampa do pote antes de jogar no lixo porque ele vai ficar úmido por dentro e o pote não vai gostar".

Damos um tipo de vida aos objetos, talvez associado a quem nos deu aquele item, o que por sua vez faz com que nos sintamos culpados ou tristes em descartá-lo. Aprendi a confiar no meu coração no que diz respeito às boas lembranças: não preciso necessariamente de um objeto para provar que tive férias fantásticas. Também nos apegamos a coisas que nos afetam negativamente: talvez essa pessoa nem seja mais tão presente em nossa vida. Por exemplo, o objeto pertencia a um antigo amor, ou a roupa já não serve mais, mas nos apegamos a tais coisas, que, por sua vez, nos permitem mergulhar nos maus sentimentos. Os itens que não nos servem, seja porque não gostamos deles, seja porque nos fazem pensar em alguém, ganham vida própria por causa da maneira como atribuímos significado a eles. E o valor aparente que damos a essas coisas muda quanto mais tempo ficamos com elas.

Talvez não seja possível saber as origens exatas dessas nossas peculiaridades, mas é interessante pensar no passado e perguntar: "Qual foi a minha primeira caneta? Como me senti quando a segurei na minha mão? A minha escrita ficou mais bonita? Eu parecia mais inteligente com ela?". É provável que apenas gostasse daquele tipo de caneta, mas havia algo que disparou um relacionamento intenso com aquele instrumento de escrever em particular. E hoje você tem quase mil delas! Apesar de ter duas mãos, você usa apenas uma para escrever, mesmo assim, hoje, você tem mil canetas! É a mesma coisa com sapatos. Tem gente que possui dezenas ou centenas de pares de sapatos, e ainda assim temos apenas dois pés e podemos usar apenas um par de cada vez. Detalhar tudo até o mínimo denominador comum nos ajuda com o processo mental. Você pode aplicar o método socrático[4] em si mesmo.

Mas, por que fazer isso, especialmente quando chega a hora de tomar algumas das decisões mais difíceis? Pergunte a si mesmo: "Por que é tão difícil eu me livrar disso? O que esse objeto representou para mim na época em que o adquiri? Como me senti com ele? Como me sinto a respeito dele agora?". Desapegar não é tarefa fácil, pois demostra a maneira como preenchemos nossos espaços. Se fosse fácil, você não estaria lendo este livro e eu teria um emprego burocrático em uma empresa qualquer.

Mas somos física, emocional, comportamentalmente humanos, então reagimos às coisas de maneiras diversas. Preste mais atenção ao seu ambiente físico e comece a limpeza. Preste atenção nas coisas que pode tirar da sua vida, e preste atenção nas coisas que estão fazendo você titubear e por quê. Tome consciência dos itens guardados há muito tempo. Por que eles ainda fazem parte da sua vida?

Anteriormente escrevi que as pessoas costumam se apegar ao passado e se agarrar ao futuro com força. Elas têm uma mão se apegando àquilo que já foi, aquilo que já aconteceu. Ao nos apegarmos às lembranças, temos a sensação de que não confiamos que ainda vamos viver muitas situações, ou que não vamos nos lembrar de uma boa ação que fizemos sem ter aquele objeto guardado. Parece que seguramos com força aquilo que talvez venhamos a precisar.

"Algum dia" é um dia, ou nenhum dia, ou um futuro distante. "Algum dia" é raramente identificado em termos de quem, o que, quando, onde ou por quê. É um futuro desconhecido, um evento que pode ou não acontecer, mas nos apegamos a esses artefatos para um uso futuro pois... NUNCA SE SABE quando eles podem ser necessários.

E é exatamente aí que está um dos maiores desafios associados com o trabalho de limpeza dos caminhos. Muitas vezes, descrevo o relacionamento que temos com as nossas coisas sob o prisma das nossas crenças a respeito do passado e do futuro. Essa é uma mensagem que vale a pena repetir. Vi muitos processos de organização importantes acontecerem quando essa mensagem era absorvida para valer. Nós temos uma mão no

---

[4] O método socrático é uma técnica de investigação filosófica feita em diálogo, que consiste em o professor conduzir o aluno a um processo de reflexão e descoberta dos próprios valores.

passado se apegando ao que já aconteceu e uma mão no futuro segurando aquilo que talvez nunca aconteça. Essencialmente, estamos permitindo que o passado e o futuro comprometam nossa capacidade de estarmos em paz no presente. Não é um exagero dizer que vivemos como se o futuro e o passado definissem o modo como desejamos viver hoje.

 TAREFA:

Selecione um ou dois itens e pondere por que você se apega a eles já que não lhe servem mais.

_____

_____

_____

_____

_____

_____

_____

_____

_____

_____

_____

Aqui vai outra coisa para pensar: O que é ter *o suficiente*? Ser suficiente? Se sentir suficientemente digno? No que diz respeito aos objetos ao seu redor, você teria como mensurar algumas respostas a respeito de quantos sapatos, canetas, bolsas, livros, calças pretas é uma quantidade suficiente?

E há algo que me deixa um pouco encabulada, mas sobre o qual vale a pena refletir. Quando comecei a trabalhar com organização há doze anos, li em algum lugar que uma casa normal abriga mais de trezentos mil objetos. Eu mencionava esse número no início das minhas palestras sobre organização e com o tempo isso passou a ser visto como "verdade". Anos depois, alguém me perguntou qual era a referência bibliográfica para esse número e eu, com segurança, fui até minha estante de livros procurar. Para o meu espanto(!) não consegui encontrar a informação! Desde então isso me persegue. Eu já pedi para alguns colegas e clientes para fazer uma consulta informal e chegamos à conclusão que pode ser mesmo trezentos mil itens se forem contados todos os itens individualmente (de roupas íntimas a material de escritório a fotografias).

Várias vezes por ano eu recebo e-mails de blogueiros e do público em geral, citando uma matéria antiga do *Los Angeles Times* onde fui entrevistada. Nunca cheguei a fazer uma pesquisa aprofundada, mas, no entanto, um bom livro de referência que destaca o número de itens nos cômodos de uma casa típica de classe média é uma pesquisa da UCLA, Universidade da Califórnia, publicada em 2016.[5]

 TAREFA:

Identifique o que é "ser suficiente" para duas ou três categorias de objetos. Conte o número de itens em cada categoria e veja se consegue esmiuçá-los até chegar a um número exato de objetos.

---

[5] ARNOLD, Jeane E.; GRAESCH, Anthony P.; OCHS, Elinor; RAGAZZINI, Enzo. *Life at Home in the Twenty-First Century: 32 Families Open Their Doors*. Los Angeles: Cotsen Institute of Archaeology Press, 2016. As fotos desse livro contam uma baita história sobre o que acontece nos lares de muitas pessoas.

Identifique outros objetos no seu ambiente de que você tem dificuldade de se desfazer, mesmo sabendo que nunca mais vai usá-los de novo. Decida, com a ajuda de um bloquinho de *post-its*, do que está disposto a abrir mão. Marque aqueles itens de que você não mais precisa, quer, deseja guardar ou que já se pagaram pelo uso. Você não tem que se desfazer imediatamente. Apenas marque os objetos e comece a tirá-los da sua vida aos poucos.

O processo de desapegar e o de retirar fisicamente as coisas que não servem mais não vai acontecer da noite para o dia. À medida que dá continuidade a essas ações, você provavelmente se sentirá vulnerável, como se o chão estivesse tremendo sob seus pés. Ponha-se diante desses sentimentos para tentar entender. Você está apegado a coisas ou a pessoas que, por um motivo qualquer, não estão mais na sua vida. Desapegar pode fazer com que questionamentos acerca de você mesmo e de outros aflorem.

Parafraseando o reverendo Jesse Brune-Horan: "Você não se desapega de coisas que trazem valor à sua vida, o processo de desapegar é o que agrega, na realidade, valor à sua vida". Pode ser uma boa ideia ter um profissional de saúde mental por perto porque o desafio de desapegar não é um processo fácil para nós. Ele costuma trazer à tona memórias e sentimentos que vão da inadequação ao arrependimento, uma sensação de oportunidade perdida e uma ampla gama de problemas do passado. A psiquiatra Melva Green,[6] escreve: "Não é porque algo trouxe felicidade no passado que precisa ser guardado para sempre". Eu vi isso acontecer com pessoas que estavam passando pelo processo de desapego e organização. É efetivamente libertador notar que há mais espaço livre a sua volta, mas isso também pode gerar tristeza. Vou compartilhar uma experiência real que tive com minha mãe.

Minha mãe tem dificuldade em desapegar das coisas. Ela não sofre de transtorno de acumulação no sentido médico da palavra, mas ela é cronicamente desorganizada. E ela também identifica seu brilho através dos objetos que possui. Ainda que tenha levado uma vida incrivelmente interessante, ela não se valoriza muito. É comum vê-la começando frases

---

[6] GREEN, Melva; ROSENFELD, Lauren. *Breathing Room: Open Your Heart by Decluttering Your Home*. Nova York: Atria Books, 2014.

com "se": "Se um dos meus filhos...", "Se eu tivesse prestado mais atenção...", "Se eu tivesse feito isso...". Ela se sente inadequada. E mesmo nós, filhas, dizendo para ela: "Olhe pra gente. Nos tornamos mulheres bacanas, vai!", nossa mãe se sente como se tivesse perdido oportunidades na vida.

Há três anos, eu a ajudei a se desfazer de muitos livros. Minha função era colocar os livros nas caixas. Eu notava que ela segurava e abria carinhosamente os livros, passava os dedos gentilmente sobre o índice. Cada página tinha contexto e significado. Ela tinha livros sobre artes, música e línguas. Ao mesmo tempo em que eu aprendia mais sobre o amor dela por literatura, música e artes plásticas, minha mãe se repreendia por não ter aprendido russo, não ter pintado uma obra-prima ou não ter composto a música perfeita. Isso trouxe à tona muitos sentimentos de inadequação, mas ela estava se mudando para uma casa menor e sabia que precisava desapegar.

Verificava o nível de ansiedade dela à medida que o trabalho progredia. No primeiro dia, em uma escala de um a cem, o nível de ansiedade era de mais ou menos noventa. No dia seguinte era de sessenta, e o de duas semanas depois era praticamente zero. Ela conseguiu admitir que aos 75 anos, qualquer coisa que pintasse seria boa o suficiente. Mas o processo e a disposição de desapegar dispararam alguns sentimentos negativos para ela. Preciso dizer que a mesma coisa pode acontecer com você.

UM CAMINHO LIVRE E DESIMPEDIDO

HÁ DUAS maneiras de você conseguir manter o caminho livre. Uma é desenvolver um relacionamento melhor com o tempo, e a outra é alimentar sua mente com mensagens positivas sobre você, quais são seus objetivos e de que forma quer seguir em frente.

Um jeito de fazer isso é o que eu chamo de arte e prática da afirmação positiva. Uma afirmação positiva é uma frase ou proposta positiva. É um tipo de meditação ou repetição, e um testemunho sobre a existência ou a sobre a materialidade de alguma coisa. Quando pratico meditação, ou afirmação, falo como se aquele sentimento já fizesse parte da minha vida. Quando faço afirmações para ter um bom fluxo de caixa na minha empresa, por exemplo, repito esta frase: "Minha agenda está cheia de reuniões e sessões com ótimos clientes que estão prontos para uma grande mudança em sua vida" – como se o que desejo já fosse real. É a crença de que aquele fluxo de caixa já se materializou.

Ensinamentos metafísicos, sobre espiritualidade ou universalidade, sugerem que tudo o que precisa saber já está dentro de você. Mas é preciso se conectar com esse saber. É assim que pratico a afirmação: acreditando que algo desejado já é verdade. Em 1987 me deparei com o clássico *Você pode curar sua vida*, de Louise Hay. Foi o livro que me apresentou a ideia de buscar uma mentalidade diferente e que me influenciou profundamente. Sempre que vou fazer orientação de carreira com um cliente, dou este livro e o *Quem pensa enriquece*, escrito por Napoleon Hill. Os dois livros me influenciaram na mesma medida, tanto profissionalmente quanto na minha vida pessoal.

Você pode curar a sua vida. Louise Hay viveu bem de saúde até 91 anos, dando palestras e entrevistas. Na sua carreira como psicóloga, ela foi uma das poucas pessoas nos Estados Unidos que estendeu a mão para os primeiros pacientes de AIDS. Em uma época em que ninguém tocava um paciente com AIDS, Louise Hay os acolheu. O medo de morrer era tão grande, e aqueles jovens estavam morrendo tão rapidamente... Louise os ajudou a se conectarem com seus problemas de infância, e falava com eles sobre perdão. Ela os ajudou a criarem uma mentalidade diferente, e o resultado foi o nascimento do livro *Você pode curar sua vida*. Louise Hay leva o leitor a uma jornada que ensina a lidar com os destroços do passado, oferecendo amor, confiança e aceitação.

Em seu livro, Louise nos apresenta "A lista". É uma lista que vai do A ao Z que elenca quase todos os tipos de problemas físicos que podem atacar o corpo humano, junto com uma sugestão metafísica do motivo pelo qual aquele mal faz parte da vida da pessoa. Cada item é seguido por uma mensagem positiva para eliminar o mal. Ao longo dos anos, aprendi a contar com esse livro quando sinto algo fora do normal em meu corpo.

É raro eu ficar doente – sorte a minha – então consulto o livro quando outras pessoas me contam seus problemas de saúde. Por exemplo, há pouco tempo uma grande amiga recebeu o diagnóstico de diabetes. Ficamos pensando o que estava acontecendo em sua vida, ou qual seria um motivo metafísico para esse fato. Louise especula que diabetes pode representar um "desejo daquilo que poderia ter sido. Uma forte necessidade de ter o controle. Uma tristeza profunda. O fim da doçura da vida".

Existem muitos motivos metafísicos que podem causar uma doença, não é ciência exata. Na minha opinião, é um complemento à medicina tradicional. Mas esse livro de Louise fala principalmente de como mudar a vida por meio do pensamento positivo. Eu poderia mencionar muitos outros livros, mas é com esse que me identifico mais. Louise tem um calendário de frases positivas para cada dia do ano que fica na bancada da minha cozinha, ao lado da minha caneca de café. Tais frases ajudam a me manter centrada e positiva.[7]

---

[7] Para conhecer mais as obras de Louise Hay, sugiro que você visite o site: <www.louisehay.com>.

Ler *Quem pensa enriquece*, de Napoleon Hill, foi um divisor de águas para mim. Os seus ensinamentos traduziram em palavras aquilo que eu sabia que era verdade sobre minha vida e me deram o poder que sinto ao andar pelo caminho da gratidão e do pensamento positivo. Sua filosofia "conceba, acredite, alcance" me levou até o final da minha tese de doutorado, apesar de eu só ter descoberto Hill uma década depois. Parte da minha prática matinal de meditação inclui recitar o que eu chamo de "O plano", que elaborei a partir das sugestões do segundo capítulo do livro.

Afirmações positivas tomam o lugar do lixo mental. Uma vez, eu estava ajudando um cliente a limpar o seu depósito e confesso que em alguns momentos daquele dia me senti muito para baixo. O lugar era um desastre, tinha até rato morto, e o cliente não queria se desapegar de nada, o que estava dificultando muito o meu trabalho.

Em vez de sucumbir à tristeza, comecei e dizer para mim mesma como era bom poder fazer um trabalho fisicamente tão pesado; estava perto de fazer 60 anos e estava em boa forma física. Não permiti que sentimentos ruins me abatessem. Criei mantras na minha cabeça para afirmar e reafirmar que estava ajudando alguém que pagava caro por um espaço de armazenamento grande a migrar para um depósito menor, que estava grata pela tarefa. Isso ajudou a transformar um dia de sofrimento em um dia de alegria. O foco mudou, saiu de mim e passou a ser como eu estava ajudando alguém a fechar um capítulo e seguir em frente na vida.

Na medida em que me sentia mais animada, o cliente foi percebendo a sabedoria contida em desapegar das coisas que faziam pouco sentido e que estavam custando caro para ficarem guardadas. Quando um pensamento negativo me vem à cabeça, foco em dar uma guinada para transformá-lo em algo positivo e melhor. Criar uma mentalidade diferente mudou minha vida por completo.

É um ritual, repito minhas afirmações positivas todas as manhãs, também escrevo e medito. Me levanto às seis da manhã pego meu café e meu notebook. Aproveito esse momento para me colocar em um estado de espírito saudável. Não é nem um pouco difícil fazer isso se você reserva um tempo pela manhã. Ao longo do dia, em vez de reclamar do trânsito, agradeço por ter um carro. Isso muda as coisas. A negatividade não tem vez. Perdoo experiências do passado. Estou disposta a aprender algo novo todos os dias. Eu me amo e tenho pensamentos felizes e alegres, que é o jeito mais rápido de construir uma vida maravilhosa. Me olho no espelho todas as manhãs e todas as noites e digo: "Eu te amo tanto!". Quem além de mim vai dizer isso com tanto entusiasmo? Precisa vir de dentro mesmo. Tenho que ter esse sentimento. Amor-próprio é uma tarefa que vem de dentro.

Outra afirmação na qual escolhi acreditar é que meu potencial é ilimitado. E assim me mantenho positiva. Minhas necessidades serão atendidas. Eu me mudei para o meu apartamento atual há dez anos. Logo depois da mudança, houve uns meses que o trabalho estava escasso na empresa. Eu queria trabalhar mais, mas os clientes não estavam chegando a mim. Mesmo assim, sabia que o pagamento do aluguel estava garantido. Não tinha dúvida disso, ao menos. "Eu acredito na Regina, e minhas necessidades são sempre atendidas." Digo isso, e repito várias vezes. Quando estou ansiosa, sei que de alguma forma minhas necessidades estão sendo atendidas. Me sinto feliz, contente e livre. É assim que entendo: minhas necessidades são sempre atendidas porque aprendi a ser flexível sobre como elas podem ser atendidas.

Aqui está uma lista das afirmações que você pode começar a usar para substituir o lixo mental e os resíduos psíquicos:

- Vivo a visão, confio no processo.
- Perfeição é percepção.
- Tenho a coragem de mudar minha atitude, percepção e comportamento.
- Tenho a chave da vontade e abro a porta.
- Redefino o significado de sucesso.
- O pensamento vira um manifesto que não pode ser traduzido em seu oposto.
- Conhecimento é poder – como uso o conhecimento me empodera.
- Passo meus desejos conscientes para meu subconsciente.
- Nunca vou me abandonar.
- Eu me basto.

- Quando não temo o fracasso, me liberto para tentar tudo e qualquer coisa que irá contribuir para meu crescimento.
- Estou disposto a renunciar ao que acho que quero se há evidências que mostram que não devo prosseguir.
- Sempre tenho tudo que preciso.
- Me desapego do passado para poder ter alegria no presente.
- Afrouxo a mão agarrada ao passado para estar pronto para o futuro.
- Fazer uma tarefa desagradável agora consome menos energia do que passar o dia todo pensando nela.
- Sofro quando me apego a coisas que acho que vão me salvar.
- O que preciso abandonar para poder viver a vida que quero não tem valor.
- Me desapego daquilo que pensei que me daria valor.
- Desapegar daquilo que suponho ter valor vai agregar valor à minha vida.

 TAREFA:

Escreva mais afirmações próprias e se comprometa a repeti-las diariamente.

_____

_____

_____

_____

_____

_____

Espero que você aprenda que seu cérebro pode passar a acreditar em todas as palavras que você diz para ele. Todas. Se você diz algo para si mesmo repetidamente, você vai acreditar, vai ser dono dessa verdade e se comportar de acordo. Se você diz repetidamente para si mesmo que não consegue fazer algo ou que está com preguiça, está gordo ou o que quer que seja, você vai acreditar nisso. Você pode se motivar com a mesma facilidade com que pode se sabotar. Se pode escolher, motive-se! Sempre!

Use afirmações, desenvolva um novo hábito de se colocar para cima e se motivar. Você pode fazer isso consigo mesmo, mas também pode motivar o relacionamento com seus colegas de trabalho, sua família, com a comunidade. Comece hoje! No fim do dia você vai se sentir cheio de energia, e talvez, assim como acontece comigo, vai sentir que realmente fez a diferença na vida de alguém, apesar de alguns momentos achar que não conseguiria fazer mais nada.

Há uma explicação metafísica para as coisas que acontecem em nossa vida e há uma afirmação que nos ajuda a se livrar delas. Comece o exercício tirando os pensamentos negativos da cabeça e preencha sua mente de energia positiva. Isso precisa se tornar uma rotina. Se quiser, cole uma notinha escrita num *post-it* em algum lugar para que você se lembre de afirmar e reafirmar todas as coisas positivas que estão acontecendo na sua vida.

Você pode criar uma afirmação durante o processo de desapego; algo mais ou menos assim: "Estou adorando remover as coisas da minha vida e oferecê-las ao universo, para quem precisar". Essa prática vai te ajudar a atingir as suas metas de organização. Da mesma forma que você desenvolve a arte e a prática de criar informações positivas na sua cabeça, também existe uma arte e uma prática de arrumar seus ambientes. Sempre acho que menos é mais.

Lidar com a bagunça é uma questão de compreender aquilo que você não precisa mais, e de se sentir em paz com o mantra *menos é mais*.

Participei da Conferência Feminina da Califórnia onde estavam distribuindo sacolas de brinde. É verdade que todo mundo gosta de um presentinho, mas eu não conseguia parar de pensar em toda a bagunça que já existe por aí. Na ocasião uma pessoa disse: "Olha, eles dão tudo isso de presente!". Na sequência, sugeri que ela não precisava levar a sacola ou tudo que estava dentro dela. Eu preferia que a empresa que distribuía as sacolas se encarregasse do trabalho de levar a tralha embora do que eu ter o trabalho de carregar aquela sacola.

Sou voluntária no festival de cinema LGBTQ+ em Los Angeles, o Outfest, e todos os anos recebemos camisetas para usar enquanto trabalhamos nas salas de cinema. Sempre, quando o festival acaba, doo a minha camiseta para uma ONG. Não preciso dessa camiseta no meu armário. E, este ano eles pediram que usássemos a camiseta do ano passado, que eu não tinha mais! Mas me virei. Peguei emprestada de outro voluntário, deu certo! Confio no processo da vida; toda ação boa e correta acontece na minha vida. Acredito nisso.

É apenas uma questão de simplesmente não levar para casa o que estão dando de graça, não comprar mais do que você precisa só porque está em liquidação. Quando estamos no processo de desapego, que muda nossa percepção com relação ao que queremos ter ao redor, passamos a notar que uma liquidação não é um bom negócio porque vamos acabar com mais coisas do que precisamos. Quando compro tinta para minha impressora, posso economizar sete dólares se comprar o pacote econômico, que inclui papel fotográfico "grátis". Eu nunca imprimo minhas fotos! Se manter livre de mais tralhas pode se tornar um dilema moral. Está bem, posso economizar sete dólares, mas o aborrecimento e a irritação que sinto levando mais coisas que não estou usando ou consumindo não valem a pena. Menos realmente é mais.

 TAREFA:

Olhe ao seu redor. Há coisas que você comprou porque estavam em liquidação, mas que nunca usa? Quais são esses objetos? O que você estava pensando quando os comprou?

_____

_____

_____

> A boa notícia é que ***nós não somos nossas coisas***. Elas são apenas um reflexo temporário de onde estamos neste exato momento.

DESORGANIZAÇÃO CRÔNICA: A PALAVRA-CHAVE É "CRÔNICA"

OUTRO DIA entrei em uma casa e quase todas as mesas estavam cobertas com uma combinação de: correspondência fechada, chaves, caixas vazias, jornais, velas, envelopes em branco, blusas (ou algum tipo de roupa), copos e pratos sujos, caixas de lenços de papel, livros, revistas, pesos de ginástica, comida de cachorro e cupons de desconto de lojas de roupa de cama.

Quanto mais eu adentrava a casa, minha cliente, uma mulher inteligente na casa dos 50 anos, demonstrava vergonha, humilhação, constrangimento, frustração e, ocasionalmente, bom humor, enquanto me explicava os porquês e as razões da bagunça em nossa frente:

- Sei que aqui está horrível, eu queria limpar, mas no dia em que comecei o encanamento da cozinha estourou e me distraí.
- Esta mesa deveria ser para fazer trabalhos manuais com a minha filha, mas o material de artesanato está atrás dessa baita caixa e tenho que ver o que tem dentro antes de pegar material.
- Nunca soube lidar com a correspondência – por isso há pilhas de cartas em todo lugar!
- Tenho cópias de tudo porque nunca consigo encontrar o que preciso, quando preciso!
- Essa pilha de roupa para lavar está aí há tanto tempo que nem sei mais o que é limpo ou sujo!

Quando comecei a trabalhar com organização, entrei em muitas dessas casas onde as coisas estavam por toda parte. Honestamente, eu não tinha certeza de por que as pessoas não conseguiam manter suas coisas mais em ordem, ou então o motivo de seis meses depois de deixar as casas livres de tralhas e organizadas, os clientes me ligavam para me contar: "Ela voltou!" (como se a bagunça andasse com as próprias pernas!).

Em todo caso, eu realmente não tinha certeza do que estava vendo quando olhava para quilômetros de pilhas, cartuchos de fita cassete e cabos. Aqui estava eu, na casa de pessoas fabulosas e incríveis – a maioria mulheres – cujos lares eram desastres absolutos, completamente perplexas de como chegaram até aquele ponto e porque permaneciam assim.

O que eu via era provavelmente o que passei a rotular de "desorganização crônica". A desorganização crônica (DC) não é um diagnóstico no sentido estrito da palavra. Cunhado no final dos anos 1990, pela minha amiga e colega Judith Kolberg, o termo "DC" é um conjunto de comportamentos que levam a uma série de resultados.

Primeiro, é provável que uma pessoa com DC tenha enfrentado problemas de desorganização durante toda a vida. Em segundo lugar, alguém com DC costuma ter muitos livros de "como organizar". O problema é que alguns livros desse tipo geralmente são escritos para alguém como eu, não para uma pessoa com DC. Outra marca registrada é que a desorganização crônica pode prejudicar a qualidade de vida da pessoa – de estar sempre atrasado a inconscientemente estar transformando os cômodos da casa em quartinhos de despejo.

A DC geralmente está relacionada a como a pessoa é desde o nascimento. Na minha família de seis, quatro de nós temos fortes tendências para organizar e manter um espaço organizado, e os outros dois são cronicamente desorganizados. Isso está relacionado com o cérebro, especificamente a parte conhecida como função executiva.

Pense na função executiva (FE) como o diretor-geral de uma empresa ou como o painel de controle do nosso cérebro. Localizada na região do lobo frontal, a FE nos faz chegar ao trabalho na hora certa. Quando a FE está rodando normalmente, podemos riscar os itens das nossas listas de tarefas, e atingimos nossos objetivos. Quando precisamos enviar um cartão de aniversário, a FE faz com que o coloquemos no correio a tempo. Uma FE funcionando corretamente nos permite focar nas tarefas, gerenciar as emoções e acessar nossas memórias de trabalho.

Quando a FE está comprometida ou não está funcionando tão bem como deveria, as coisas podem realmente se acumular! Um exemplo hipotético:

Emily sai do trabalho uns quarenta minutos depois do planejado porque no último minuto resolveu telefonar para um cliente, e a ligação não terminava nunca. Ela tinha uma pequena lista de tarefas para fazer antes de chegar em casa, mas sair tarde a atrasou e a lavanderia teve que esperar até o dia seguinte. Um pouco cansada e frustrada, Emily pega a correspondência, abre um aviso da biblioteca e lê que os livros que tinha reservado voltaram para o arquivo da instituição porque ela não conseguiu buscá-los no prazo.

Não há nada para comer em casa porque Emily não teve tempo de ir ao supermercado. Agora ela procura desesperadamente pelo cardápio do delivery porque acabou de se lembrar que tinha convidado sua melhor amiga para assistir alguns episódios de "Orange is the New Black". Aliviada por ter conseguido pagar a conta da TV a cabo em tempo, Emily para de repente quando percebe que se esqueceu de pagar a conta do telefone fixo. Procurando pelo celular dentro da bolsa abarrotada de coisas para poder ligar para o delivery, ela sente que está à beira de um ataque do coração quando se dá conta que seu telefone está sem bateria. "Merda!" Ela grita para o vazio... "Onde está o raio do carregador do meu telefone?"

Isto foi o que reparei na Emily: ela é engraçada, superinteligente, tem dezenas de amigos e vizinhos que a adoram. Uma alta executiva de uma grande empresa da área de saúde, com um salário bem alto, Emily é criativa, adora desenhar, pinta aquarelas e tem bom gosto para moda e arte.

Apesar de ser fantástica, Emily é cronicamente desorganizada. Ela acha difícil cumprir as tarefas e chegar na hora. Ela é bem-intencionada, mas tem dificuldade para fazer tudo em sua lista de afazeres. Emily ama seus amigos, mas por algum motivo se atrapalha com as datas. Ela não é burra, nem preguiçosa. Na verdade, ela parece nunca ter se dado conta disso.

O tema da desorganização crônica me fascina porque acho que muitas das pessoas que precisam da ajuda de um organizador profissional são cronicamente desorganizadas.

A palavra "crônica" significa que os problemas inerentes à pessoa com DC permanecerão a menos que as coisas mudem, ou que sejam alterados aqueles hábitos, comportamentos e atitudes que contribuem para criar a bagunça. Pode até mesmo ser necessário mudar ou ajustar a relação com o ambiente, e talvez com as pessoas com quem vive.

A bagunça é um acúmulo de objetos semelhantes ou diferentes, que parecem não ter um lugar específico dentro dos limites da sua casa. Uma das razões pelas quais a bagunça aumenta sempre em um lugar específico é provavelmente porque você não consegue descobrir onde alguns objetos deveriam ficar, ou por quanto tempo eles precisam ser mantidos. Adicionados a essa pilha de coisas estão os hábitos que insistem em criá-la. Um hábito pode ser, por exemplo, ter uma capacidade sofrível de administrar o tempo (assunto que será discutido mais adiante) – você tenta de verdade arrumar a pilha de coisas, mas não tem tempo para completar a tarefa.

Parece que nossos hábitos estão enraizados, como se fizessem parte do nosso DNA. Mas já que eles se desenvolveram ao longo do tempo por nossas próprias ações, eles podem, da mesma forma como foram criados, mudar com o tempo.

Você é capaz de identificar os hábitos que contribuem para sua bagunça e aqueles que impedem que tudo desmorone? Quais comportamentos ou atitudes devem permanecer e quais devem desaparecer junto com a bagunça?

Muitas vezes nos comportamos de uma determinada forma por hábito, mesmo sem saber que estamos fazendo isso. Agimos sem pensar. Mas para mudar, precisamos nos conscientizar do que estamos fazendo, do porquê.

Tente fazer este exercício: finja que você é um piloto de helicóptero. Paire acima e ao redor de si mesmo por alguns dias. Preste muita atenção em tudo que você faz, da hora em que levanta até a hora de dormir. O que é ser quem você é em termos de hábitos? Quando, onde, como escova os dentes? O que acontece com a sua correspondência depois que a recebe? Como exatamente a roupa é lavada? Quando, onde, como a limpeza da casa é feita e por que você escolhe limpar na ordem que limpa? Como você prepara/come sua comida? Toma seu banho e se veste?

Esse exercício vai exigir algum foco. Talvez você só consiga ficar ciente de seus hábitos em alguns momentos – mas com certeza preste atenção nos bons hábitos que tem bem como naqueles que acha que contribuem para a desordem, porque esses são os hábitos que você vai querer mudar para ajudar a manter seu ambiente limpo e organizado.

A hipervigilância da própria desorganização crônica é a chave para manter a bagunça sob controle. Contratar um organizador profissional para ajudar a limpar a bagunça e trabalhar com alguém que te ensine a ser organizado para ajudar na mudança de hábitos são ótimas ideias para manter a organização. Mudanças de vida tais como casamento, nascimento de um filho, novo emprego, nova casa, divórcio podem facilmente contribuir para desestabilizar até mesmo a mais organizada das pessoas.

Para alguém com DC, dar um passo em falso não é raro. Compreender a natureza crônica da desorganização é fundamental para o seu bem-estar emocional, físico, e para você se sentir bem nos ambientes que ocupa.

> Gosto da ideia de que somos **pessoas poderosas internamente**, que podemos trabalhar a mente para alterar padrões e mudar a relação que temos com os objetos.

CRIANDO TEMPO PARA O TEMPO

DESDE A publicação desse livro, estudei, li e pesquisei sobre o conceito e a construção do tempo. Me interessei em aprender mais sobre esse tema porque meus clientes se utilizam do "tempo" para entender por que eles não fazem as coisas:

- Fico sem tempo.
- Não tenho tempo.
- Não há tempo.
- Nunca há tempo suficiente.
- Desperdicei meu tempo.
- O tempo foge de mim.
- Não consigo arranjar tempo.
- Não posso dar um tempo.

Você pode adicionar algo a esta lista? Como você enxerga sua relação com o tempo?

_____

_____

_____

_____

Não digo essas palavras à toa: *sua relação com o tempo*. Assim como temos relacionamentos com pessoas, e com nossas "coisas", também nos relacionamos com tempo, pessoal e individualmente. Há pessoas com um relacionamento sofrido com tempo, com medo do som do despertador, que desprezam prazos e horários, e que estão cronicamente atrasadas para festas *e* para o trabalho. Elas sofrem com as piadas dos amigos, com cortes de salário e sempre pagam multa por atraso.

Já reparei que muitos trabalhadores autônomos costumam ter um relacionamento sofrível com o tempo, porque bater o relógio de ponto é para eles uma maldição. Observei que muitos autônomos são brilhantes, criativos, e pensam fora da caixa. Eles alcançam o sucesso, se e quando, se cercam de uma equipe que pode ajudar a manter as coisas em foco e no prazo certo. Eles provavelmente seriam mais produtivos e teriam mais sucesso se pudessem desenvolver um relacionamento melhor com o tempo (ou se fossem mais amigos do relógio!).

Sabemos que a medida de tempo é construída com doze números parados, colocados um após o outro para formar um círculo varrido por "mãos" pequenas e "mãos" grandes que determinam, em horas, minutos e segundos, a hora certa. O relógio é uma ferramenta social e mecânica desenvolvida com o surgimento dos trens e da indústria. Quando os fazendeiros e camponeses viviam de acordo com a luz do sol e a escuridão da noite, o tempo era provavelmente uma preocupação menor, se é que chegava a ser uma preocupação.

Minha amiga e colega Judith Kolberg escreveu uma perspicaz trilogia de ensaios que analisam nossa relação com o tempo. Ela põe, sob uma perspectiva histórica, a evolução do nosso relacionamento um tanto quanto rígido com o tempo:

> Amnemés, o grande escriba dos faraós, usava o calendário para mapear as fases da lua e a mudança das estações. Mas o calendário era voltado para o passado, comemorando eventos que costumavam se repetir. A capacidade mental de planejar que os humanos têm e sua fé no futuro deram origem a uma ferramenta extraordinária de planejamento, a lista de tarefas. Os humanos não apenas rastreavam, registravam ou elencavam eventos do

passado e do presente. Eles passaram a representar ações a serem realizadas no futuro.[8]

Antes de prosseguir, quero deixar claro que o termo *administração do tempo* é impreciso. Nós não podemos *gerenciar* o tempo – ele já é fixo. Desde invenção do relógio nós vivemos a vida de acordo com as 24 horas que determinam cada dia. Minha intenção neste capítulo é mostrar que podemos desenvolver estratégias para gerenciar a atenção que prestamos e o *relacionamento* que temos com o tempo. Mesmo assim, como a maioria das pessoas está familiarizada com a expressão "administração do tempo", também vou usá-la. Existem consequências de ter uma relação complicada com o tempo que incluem:

- altos níveis de estresse;
- confusões de última hora;
- erros;
- privação de sono;
- sentir-se um fracasso;
- sentir-se uma fraude;
- decepcionar colegas e amigos;
- ser visto como alguém que "desperdiça" o tempo;
- perder de vista os objetivos pessoais/profissionais.

Julie Morgenstern, conhecida consultora de organização, elenca as principais razões de má administração do tempo:

- Realidades externas/ambientais (carga de trabalho excessiva, o tempo passa despercebido, dificuldade de sair da inércia quando interrompido);
- Fatores técnicos/mecânicos (reservar uma quantidade errada de tempo, espaços desorganizados);
- Obstáculos psicológicos (objetivos pouco claros, cuidar dos outros antes de cuidar de si mesmo, medo de ____, preencha a lacuna!).

---
[8] Fonte: <bit.ly/36nFUrA>.

Além dessas, as distrações são inúmeras: a TV! O Facebook! O Instagram! Mensagens de texto, e-mails, ligações, compras, alarmes, notificações, ícones brilhantes na tela do celular – tudo isso desvia nossa atenção e nos tira o foco daquilo que queríamos fazer *naquela hora!* Também notei que muitos dos meus clientes não têm uma compreensão mínima do tempo necessário para realizar afazeres, independentemente do tipo de tarefa. Quantas vezes você já disse "isso demora um minuto", sem levar em consideração todas as distrações que estão clamando pela sua atenção? É difícil planejar com antecedência se você não tem ideia de quanto tempo leva para fazer algo.

Somado a tudo isso está o conceito de *tempo de transição*. Aprendi sobre o tempo de transição nos meus estudos com o Dr. Ari Tuckman. Em muitos aspectos, a vida toda é pautada pela transição. Macrotransições que incluem casamento, morte, nascimento, divórcio, mudança de casa, ingresso de um filho na universidade, cuidar de pais idosos – essa última é uma baita transição! E as microtransições: acordar, tomar banho, vestir-se, ir para o trabalho. Se as macrotransições podem fazer as pessoas mais organizadas perderem o rumo por um algum tempo até que as coisas se acalmem, para as pessoas que têm problemas com o tempo as microtransições podem realmente fazer as coisas desandarem.

Um exemplo hipotético:

Jill é uma mulher solteira que mora em Los Angeles e trabalha quarenta horas por semana. Sem tráfego (ou seja, às três da manhã!), ela demora quinze minutos para chegar no escritório. Jill aperta o botão de soneca do alarme duas vezes e se levanta às 7:15. Assim que põe os pés no chão ela vai para o chuveiro, mas no caminho se dá conta de que se esqueceu de preparar o café na noite anterior, então ela vai para a cozinha.

Ao pegar o pó de café da geladeira, Jill percebe que a fruta acabou e vai para a sala de estar para adicionar fruta à lista de compras que ela tem no aplicativo de "anotações" do celular. Telefone na mão, vê vários e-mails novos e vai passando o dedo na tela procurando alguma coisa divertida ou importante. Quando ela olha para o relógio, 25 minutos já se passaram. Jogando o telefone no sofá, ela entra em seu "banho de cinco minutinhos"... mas a água quente é gostosa.

Jill está agora na frente do armário tentando escolher o que vestir. Normalmente suas roupas de trabalho são bastante casuais, mas de repente se lembra da reunião importante às 14:00, então um terninho seria mais apropriado. Agora são 8:10. Achando que ela tem tempo até ter que sair de casa, escolhe uma blusa que precisa ser passada. Enquanto espera o ferro esquentar, enche uma xícara de café, manda uma mensagem para Clare, sua amiga do trabalho, perguntando sobre os planos para o almoço, e depois arma a tábua de passar. São 8:20. Blusa passada, Jill volta ao banheiro para se maquiar e arrumar o cabelo. Às 8:30 ela vai para o quarto para se arrumar. Às 8:40, lembra-se de desligar o ferro, esquentar o café que esfriou, e dá uma olhadinha no Facebook. Às 8:45, fecha a porta, mas se dá conta de que seu telefone ainda está no sofá. Ela agora tem dez minutos para um trajeto que demora quinze, isso sem o trânsito típico de Los Angeles. Usando o aplicativo mais atualizado para escapar de congestionamentos, ela chega no escritório de mansinho, às 9:10, achando que conseguiu passar despercebida, mas dá de frente com o chefe que está ao lado da sua mesa de trabalho. E assim começa o dia. Ai, ai...

De volta ao assunto das transições: Do momento em que ela acordou, até o segundo em que chegou à sua mesa de trabalho, Jill estava em constante estado de transição. Da cama para o banho. Do chuveiro para o armário. Do armário para banheiro. Do banheiro para a porta da casa. Da porta da casa para o carro. Do carro para o trabalho. Entre cada transição ela passa por distrações (café, lista de compras, e-mails, passar roupa, enviar mensagens, esquentar o café de novo, telefone no sofá, trânsito, supervisor ao lado da mesa de trabalho).

Essas microtransições – o tempo que transcorre entre uma tarefa e outra – levaram Jill a chegar atrasada no trabalho e a um início de dia bastante desagradável.

Se você tem problemas com o tempo, provavelmente você se sente exatamente como Jill.

 TAREFA:

Reserve um tempo para mapear o início de um dia comum. Faça uma lista das tarefas que planejou e anote as distrações.

Além do grande número de distrações que nos levam a perder o foco, existe a questão de não saber quanto tempo é necessário para cumprir uma tarefa, qualquer tarefa que seja. Use a tarefa a seguir como um guia para ajudá-lo a entender sua percepção de como você administra seu tempo.

A ideia é a seguinte: Em um dia normal, escreva suas tarefas em uma coluna (além de sair de casa de manhã, outras tarefas como ir ao supermercado, lavar roupas, passar tempo com os amigos...). Na coluna seguinte faça uma *estimativa* de quanto tempo leva para concluir cada tarefa. Com a lista em mãos, conforme sua semana avança, trace o tempo *real* para a conclusão das tarefas. Seja honesto. Se você escrever, "lavar roupas" você sabe que lavar significa: separar, lavar, secar, dobrar, guardar. Então, se você *achar* que vai demorar duas horas, isso quer dizer que no final das duas horas tudo o que você lavou já vai estar no armário.

QUANTO TEMPO LEVA?

Para baixar a tabela, imprimir e personalizar, acesse:

ACP A CLEAR PATH
Professional Organizing and Productivity

SEGUNDA			TERÇA			QUARTA			QUINTA			SEXTA			FIM DE SEMANA		
TAREFA	TEMPO EST.	TEMPO REAL	TAREFA	TEMPO EST.	TEMPO REAL	TAREFA	TEMPO EST.	TEMPO REAL	TAREFA	TEMPO EST.	TEMPO REAL	TAREFA	TEMPO EST.	TEMPO REAL	TAREFA	TEMPO EST.	TEMPO REAL

TAREFA:

Faça um pequeno diário... O que você aprendeu sobre si mesmo com este exercício?

_____
_____
_____
_____
_____
_____
_____
_____
_____
_____
_____
_____
_____
_____
_____

Até agora, você pode ter decidido que deseja terminar (como se fosse um namoro mesmo) o seu relacionamento com o tempo. Entendi. O próximo capítulo vai dar as ferramentas e estratégias para ajudá-lo a gerenciar essa relação.

Meu estudo do tempo me ajudou a entender um pouco sobre o cérebro humano, especificamente, a respeito das Funções Executivas (FE) que falamos anteriormente, que se localizam em uma área do córtex pré-frontal, as quais contém quatro importantes circuitos do cérebro:

- O circuito "o que" controla a memória de trabalho, ajudando você a traçar planos, cumprir metas e completar etapas específicas que você precisa para concluir um projeto.
- O circuito "quando" te ajuda a organizar a ordem em que você completa atividades, e como você lida com cronogramas
- O circuito "por que" controla as emoções - no que você pensa e como você se sente.[9]
- O circuito "como" controla a consciência que você tem dos seus sentimentos e experiências.

Obviamente, não sou uma cientista especializada no cérebro nem psicóloga, mas se você se se sente instigado com "o que, quando, por que, e como" desses circuitos, te encorajo a ler mais sobre o assunto.

A página CHADD[10] (sigla em inglês para "crianças e adultos com transtorno de déficit de atenção o (TDA)", *Children and Adults with ADD*) é uma ótima ferramenta com informações acessíveis e fáceis de ler. Longe de estar diagnosticando alguém com TDA... mas... se você enfrenta desafios ao lidar com o tempo, pode exibir comportamentos análogos ao TDA. Pelo que entendi, TDA é o transtorno neurológico mais frequentemente mal e subdiagnosticado. Sim, conhecimento é poder, mas o que você faz com esse conhecimento certamente irá te fortalecer.

---

[9] Fonte: <bit.ly/2GMycyE>.
[10] Fonte: <www.chadd.org>.

Aprendi a **confiar no meu coração** no que diz respeito às boas lembranças: não preciso necessariamente de um objeto para provar que tive férias fantásticas.

ESTRATÉGIAS PARA CRIAR TEMPO PARA O TEMPO

MUDAR SEU relacionamento com o tempo, mesmo se você for muito bem intencionado, não vai acontecer da noite para o dia, será um processo. Isso exigirá mudanças de hábitos e de comportamentos, e provavelmente sua lista de "coisas a fazer" terá que diminuir. Priorizar tarefas e atividades vai ser útil para você (sempre consulte o capítulo Colocando a organização de volta em sua vida", p. 47, e a matriz de Covey, p. 50). Na verdade, priorizar vai ser importante à medida que você desenvolve esse novo relacionamento com o tempo. E antes de ler o restante deste capítulo, reveja sua tabela "Quanto tempo leva?" (p. 92), para ficar mais familiarizado com suas tarefas e o tempo que leva para concluí-las.

A seguir, há uma lista com sugestões (emprestadas de muitos gurus da organização) para te ajudar a reservar tempo para ele, o próprio tempo.

- Nos lugares (casa ou trabalho) onde você fica mais, pense na possibilidade de pendurar ou colocar um relógio analógico na altura dos olhos. Acostume-se a olhar para ele. Um relógio analógico é um lembrete visual da passagem do tempo, em comparação com a versão digital que mostra apenas quatro números (10:52, por exemplo) e que não *mostra* quanto tempo passou ou quanto falta.
- Comece o seu dia na noite anterior, com uma lista de "primeiras tarefas" (no lugar de uma lista de "coisas a fazer"). Em vez de reagir a todas as coisas que "tem a fazer" e que te atingem como um tapa na cara assim que você acorda, a lista de primeiras tarefas vai facilitar o seu dia.

- Pense num *horário para se aprontar*, e não numa *hora para sair*, e vai ser ainda melhor pensar nisso na noite anterior ao seu compromisso. A manhã da Jill provavelmente teria sido diferente se ela tivesse feito o café e passado a blusa antes dela ir para a cama.
- Criadores de listas: aqui vão algumas considerações sobre a "lista de tarefas". Minhas observações: tais listas frequentemente são confusas e muito, muito longas. As tarefas de uma lista muitas vezes migram de uma para outra, é difícil encontrar uma lista com todas as tarefas cumpridas! Aqui vão algumas dicas:
-
  1. Você não consegue fazer tudo, então não coloque tudo na sua lista!
  2. Neste caso, priorizar vai ser útil.
  3. Seja realista com relação ao que você *consegue* efetivamente cumprir durante o período do dia que você passa acordado.
- *Ter que* ou *querer* – se você é um criador de listas, faça as suas com duas colunas. De um lado liste as coisas que *quer fazer* hoje; se as tarefas não forem cumpridas, não faz mal. Na segunda coluna ponha aquilo que *tem que fazer* hoje. Da maneira mais precisa possível, anote a tarefa e a hora na qual você acha que vai conseguir começar a lidar com ela.
- A regra dos dois minutos – à medida que você passa a saber quanto tempo demora para fazer as coisas (das triviais às mais relevantes), se efetivamente acha que determinada tarefa pode ser completada em dois minutos, leve dois minutos para fazê-la!
- Use cronômetros e/ou ponha vários alarmes para tocar.
- Monitore o tempo com frequência.
- Adiante os relógios em cinco ou dez minutos (o relógio da minha mesa de cabeceira fica cinco minutos adiantado).
- Dê espaço para o "tempo de transição" – se você sabe que vai enfrentar trânsito lento, ajuste seu dia para isso. Se vai ao supermercado depois do expediente, leve em consideração que o estacionamento estará lotado.
- Reserve tempo para planejar atividades, tarefas e projetos.

- Gerenciamento de projetos: pense em tudo o que você tem que fazer. Tudo são projetos a serem gerenciados. Acordar e sair de casa arrumado e pronto para o dia que começa é um projeto. Roupa para lavar? Projeto! Marcar um encontro com as amigas? Mais um projeto! Dica: faça uma lista de tudo que precisa para completar o projeto e quando quer que ele esteja pronto. Por exemplo, o encontro com as amigas começa às 15:00. Comece desse ponto e planeje de trás para frente. Quanto tempo você demora para se aprontar? Qual é a distância da sua casa ou trabalho até a casa da amiga?
- Pense nas distrações. Sempre haverá distrações!
- Compartimentação: lide com tarefas similares de uma vez (ler/responder cinco e-mails, retornar três telefonemas, arquivar uma pilha de papéis). Considere o tempo de transição entre uma leva de tarefas e outra.

Levando em consideração a atenção que estamos prestando ao tempo e, nos capítulos anteriores, a relação entre as coisas na sua cabeça e o que está debaixo do seu tapete (eu amo dizer isso!), a seguir você vai encontrar estratégias testadas e eficazes para limpar a bagunça e ampliar os seus espaços, e sugestões para manter o caminho à frente limpo.

Preste atenção nas
coisas que pode **tirar da sua vida**,
e preste atenção nas coisas que estão
fazendo você titubear e por quê.
Por que elas ainda **fazem parte
da sua vida?**

O ATO DE SE LIVRAR DA BAGUNÇA

UM ESPAÇO livre é um espaço organizado. Quando você iniciar o processo de organização, divida o trabalho em pequenas tarefas que são administráveis para você. Perceba todos os lugares onde bagunças estão se formando e os identifique, ponha um *post-it*. Dê prioridade para áreas que você sente mais urgência de arrumar. Escreva quais são. Ver anotado no papel vai ajudar na administração da tarefa.

Alguns profissionais da organização, incluindo eu mesma, às vezes trabalham com clientes cercados de tanta coisa que eles ficam frustrados de trabalhar em apenas uma área. Aprendi a cobrir as outras áreas com lençóis para que não fiquem à mostra, permitindo que o cliente possa cumprir a tarefa proposta. Faça o que for necessário para manter o foco, seja cobrir os outros amontoados de bagunça ou usar um cronômetro para marcar quanto tempo você vai passar arrumando. Tente de um tudo. E lembre-se de colocar as tarefas na sua agenda para que você reserve um tempo para o trabalho de organização. Sempre releia o capítulo anterior sobre administrar seu relacionamento com o tempo.

Para cada hora que passar organizando, você vai precisar de uma hora para reincorporar à sua vida o que você quer manter. Tudo que for ficar precisa de um "lar". Pense na primeira área que quer organizar e ponha no calendário quando vai realizar a limpeza. No dia selecionado, reserve uma área para fazer a seleção.

Se estiver arrumando a garagem, aquela rampinha de entrada é uma ótima área de seleção. Se for o armário, o corredor funciona como área de seleção. Às vezes o cômodo onde trabalha está muito entulhado, nesse caso você pode usar outro cômodo para fazer a triagem. A área de triagem é, por sua vez, dividida em categorias. Por exemplo, a área mais próxima da porta da frente é onde você vai colocar a pilha de doações. Logo atrás vão os itens que irá reciclar. O lixo fica perto da porta dos fundos. Os itens que você quer manter devem formar a menor das pilhas e devem ficar próximos de seus novos "lares".

As pilhas de triagem são: descartar, manter, reciclar e doar. Pode haver uma pilha com o nome "não é minha, preciso devolver para o dono", ou então "para dar de presente". Você pode ter outras pilhas. Pode haver pilhas de doações para diferentes lugares, tais como escolas, bibliotecas, além de entidades beneficentes. Mas basicamente as quatro pilhas são, descartar, manter, reciclar e doar.

Lembre-se, para cada hora que você gastar com a triagem, vai precisar de uma hora para reintegrar as coisas que planeja manter e para tirar de casa as coisas que não vão ficar. Se for limpar a mesa de trabalho, permita-se de duas a três horas para investigar suas pilhas de papéis, o que é uma tarefa árdua. Inspecionar uma garagem é mais fácil, aparentemente porque os itens são maiores e mais fáceis de identificar. É mais fácil tomar decisões rápidas. Inspecionar papéis toma muito mais tempo do que inspecionar o roupeiro.

Quando começar o processo de se livrar da bagunça, preste atenção em quanto tempo você está gastando em cada tarefa. Se levou duas horas inspecionando uma estante de livros, e ao final dessas duas horas você não está com vontade de colocar tudo no lugar, saiba que, da próxima vez que for realizar essa tarefa, vai precisar de mais tempo. Ou fazer menos gastando o mesmo tempo. No fim das contas, você não quer mais bagunça depois de organizar. Anote quanto tempo precisa para completar uma tarefa inteira.

Se livrar da bagunça é um processo com três partes:

1. separe o que você não precisa;
2. desfaça-se das coisas (recicle/doe/lixo);
3. escolha o que você quer preservar.

Em um trabalho recente para organizar um banheiro, coloquei um lençol velho no chão. O que estava nos armários e nas prateleiras foi colocado sobre o lençol. Quando tudo estava para fora, tive uma visão panorâmica de quantas unidades de cada item havia naquele banheiro. Nesta casa, antes dos banheiros, tinha começado pela despensa, usando a mesma estratégia. Nela havia muitos itens de higiene pessoal, incluindo rolos de papel higiênico, escovas e pastas de dente. Quando chegou a hora de voltar com os itens selecionados para dentro da despensa, parei e falei comigo mesma: "Vamos dar uma olhada nos banheiros". A casa tinha dois banheiros e eu encontrei mais itens que poderiam ter ido para as pilhas do lençol. Ou seja, arrumamos os banheiros ao mesmo tempo que a despensa porque estavam abarrotados com o mesmo tipo de coisa. Éramos duas pessoas arrumando e levamos mais ou menos duas horas e meia para arrumar a despensa e os banheiros. Usamos uma combinação de recipientes e caixinhas cujas tampas foram cortadas para juntar os itens a serem mantidos, e o resultado do nosso esforço foi gratificante.

Eu gosto de trabalhar em conjunto com as pessoas que me contratam. Em uma das famílias, tudo o que nós tocávamos entrava no jogo. Tudo. Separamos todos os objetos na sala de estar. Os clientes selecionaram os itens para jogar fora e outros para doação. Separamos uma caixa enorme cheia de sabonetinhos e xampuzinhos, daquele tipo que você encontra em hotel, para um abrigo de mulheres vítimas de violência doméstica. À medida que eu trazia os itens, eles selecionavam. Decidiam o que manter e o que seria descartado. Para conseguir terminar de organizar um ambiente no tempo que você planejou, retire tudo desse ambiente.

Jogue o conteúdo das gavetas em um lençol ou toalha velha para poder ver tudo que sai de lá. Por exemplo: se você tem uma gaveta cheia de colares, despeje esse conteúdo. Separe os colares pela cor ou pelo tipo e os coloque em saquinhos. Feche os saquinhos e guarde na gaveta. Quando for usar uma determinada roupa, pegue o saquinho com os colares que combinam com o que você está usando.

Sempre que estiver usando um item com frequência, coloque-o numa área fácil de acessar. Eu costumava ir à cidade de Palm Desert para fazer jardinagem na casa de uma amiga. Adoro jardinagem. Minha amiga tinha uma mangueira no jardim da frente de sua casa. A mangueira estava desenrolada e fora do recipiente onde deveria ficar guardada. Esse recipiente era uma tigelona de metal que mais parecia um trambolho.

Eu ficava olhando para o porta-mangueiras enquanto enrolava a mangueira dentro da tigela e pensando *esse é um exemplo perfeito de por que guardar as coisas tem que ser algo fácil de fazer. Se não for fácil ninguém vai guardar.*

No mesmo dia a minha amiga usou a mangueira e eu notei que ela não havia guardado a mangueira depois de usá-la. Perguntei o motivo. A resposta foi: "Por que é um saco". Eu tinha razão. Tirar e guardar os objetos tem que ser uma tarefa fácil.

Se você está organizando as gavetas para deixá-las mais práticas, meça a profundidade, o comprimento e a largura delas. Encontre organizadores que caibam nas gavetas. Debaixo da pia da cozinha, por exemplo, vão detergente, itens de limpeza, sabão para o lava-louças etc. Para organizar esses itens eu uso uma bandeja de restaurante – daquele tipo usada para tirar a mesa e que já separa cada item a ser lavado junto com os outros do mesmo tipo. Tenho uma debaixo da pia da cozinha. Ela desliza fácil porque é de plástico e é fácil de encontrar bandejas e cestas desse tipo em lojas especializadas. Tire proveito desses organizadores baratos. Não se esqueça de medir os espaços e não abarrote os organizadores depois de colocá-los nos devidos lugares.

Quando for lidar com seu armário, a primeira coisa a fazer é tirar todos os cabides vazios. Isso libera espaço. Observe suas roupas de maneira consciensiosa e tome as decisões. Dê um tempo a si mesmo. Se você não se permitir esse tempo, você não irá concluir a tarefa. Se não estiver na agenda, provavelmente você não vai nem começar a tarefa.

No que diz respeito aos seus objetivos de se livrar da bagunça, comporte-se como um gerente de projetos. Passe por todas as áreas amontoadas do seu escritório ou da casa munido de um caderno ou do bloco de anotações do celular. Faça uma lista de todas as áreas que quer enfrentar. Seja específico – o que você quer fazer com as coisas que estão neste ou naquele lugar? Como quer que o lugar fique depois que for arrumado? Em seguida priorize: do mais fácil ao mais difícil, ou vice-versa, ou qualquer hierarquia que faça sentido para você. Na sequência, comprometa-se a um ano (ou mais) de desapego e bloqueie de duas a quatro horas por semana para se dedicar às tarefas de organização. Ponha na agenda os dias e as horas. Seja específico, seja objetivo. Envolva a família e/ou amigos íntimos. Respeite a sua verdade. Estamos falando do quanto você se sente bem. Decida em quais áreas pode precisar de ajuda por causa de desafios físicos ou emocionais. Peça ajuda assim que possível para que amigos e profissionais possam se programar. Que dure um ano ou dois! Se você vai estar dois anos mais velho mesmo, pelo menos terá um espaço agradável e desimpedido.

 TAREFA:

É hora de pegar papel e caneta ou o celular para fazer as listas do que precisa ser arrumado. Ponha a lista em ordem de prioridades e preencha o seu calendário com as datas do processo de organização. No espaço a seguir, faça o rascunho da sua lista e comece a se planejar.

A OPINIÃO DE UM REPÓRTER

MEU AMIGO Thomas é escritor e acadêmico. Nos encontramos para um almoço porque eu queria pedir permissão para usar os seus comentários neste livro. Há alguns meses, ele passou a me escrever sobre as agonias do seu processo de desapego enquanto lia o primeiro rascunho.

Enquanto esperávamos a comida chegar Thomas tira do bolso uma caneta que eu gosto, então digo: "Bela caneta, Thomas".

E ele responde: "Você quer ficar com ela? Eu acho que tenho muitas canetas. Desde que li o seu livro, estou dando minhas coisas para as pessoas o tempo todo. A gente quer dar um bom lar aos nossos objetos, não é?".

Conversamos sobre o conceito que ele tinha de *coisas* desde que havia começado o processo de desapego. Ele demonstrou muita perspicácia quando disse: "Noto que me apego a algumas memórias dolorosas para provar a mim mesmo o quão longe eu cheguei". Ou: "Eu percebo que atribuo valor às coisas com base em como um objeto entrou na minha vida". Quanto mais falávamos mais pensativo ele ficava, até o ponto em que admitiu que a bagunça se formava porque "Eu não reajo assim que a desorganização se instala. Ela simplesmente se acumula".

Esse é um trecho retirado de um e-mail de quando ele começou o processo:

> "Compensação material" é uma expressão que me passou pela cabeça quando pensei em comprar um livro porque me senti mal a respeito de algo. É por isso que alguns de nós nos tornamos ratos bagunceiros.

E você vai ao ponto no seu livro. Compramos coisas materiais para preencher o vazio emocional em nossa vida. (Entre os livros que formam as minhas pilhas há um com ensaios de Emerson, incluindo sua peça clássica, "Compensação". Talvez isso me ajude a entender melhor a "compensação" que busco em coisas materiais.)

A expressão "compensação material" também me toca. Entro em muitos lares e vejo os indícios de compras de coisas desnecessárias. Como sei que são desnecessárias? Por que roupas, livros e apetrechos de cozinha ainda estão embalados e encaixotados com as etiquetas e os preços? E este é um lamento que ouço com frequência: "Não sei por que comprei isso".

 TAREFA:

Isso serve se seus hábitos de compra fazem com que você não se sinta bem (ou se acha que compra muita coisa). Usando a história do Thomas como um exemplo, verifique se consegue identificar alguns dos reais motivos pelos quais você compra coisas de que não precisa.

_____

_____

_____

_____

_____

_____

Compartilho outra mensagem do Thomas:

> Regina, hoje estou celebrando um excesso de shorts. À medida que comecei o processo atual de organizar coisas, joguei vários pares de shorts na minha pilha de doação, incluindo um par favorito que foi manchado com água sanitária. Eu achava que teria que ir à loja para comprar um par novo. Ontem, como estava decidido a encher uma sacola de compras com itens para doação, tirei todos os meus shorts do armário (assim como meus jeans e calças de brim). Eu ainda encontrei mais uns dois pares para doar. Mas também encontrei alguns bons pares que eu tinha me esquecido de ter comprado. Bem, vou economizar uma graninha neste verão já que não vou precisar comprar outro par de shorts! E ainda vou economizar no próximo verão também. Por que estou te dizendo isto? Porque descobri outro benefício de se livrar da bagunça. Você encontra tesouros perdidos, coisas que você tem (e que talvez precise) mas que se perderam no meio de toda a tralha.

Amo a forma como o Thomas é testemunha de ambos os lados positivos do desamontamento. Ele está aprendendo a repensar suas necessidades, vontades e desejos. Posteriormente ele escreveu que foi sim à loja de departamentos onde havia comprado o par de shorts que tinha sido manchado, mas dessa vez foi comprar apenas artigos de primeira necessidade como detergente e fio dental. No processo de desapegar, ele desenvolveu um profundo discernimento.

> Enquanto estava lendo seu livro decidi (quando estava na lavanderia) que iria agir de acordo com as ideias que me vêm à cabeça (algumas das quais correspondiam às minhas próprias considerações sobre minha natureza de bagunceiro). Uma das coisas que estava na pilha (da foto que te enviei) era uma bolsa estilo carteiro que eu não uso porque alça rasgou. Comprei uma bolsa nova, mas guardei a antiga por motivos sentimentais. A bolsa já saiu do meu apartamento e da minha vida. Acho que às vezes nos apegamos às coisas não porque elas nos fazem lembrar de pessoas com as quais tivemos fins de relacionamento difíceis, mas sim porque elas nos lembram de períodos fantásticos da nossa vida. Eu ainda tenho uma camiseta que

praticamente não uso porque foi o último presente que minha vozinha me deu antes do Alzheimer roubá-la de mim. Também tenho um boné que uma estranha me deu em um voo, pois ele me lembra da generosidade daquela mulher num momento difícil da minha vida. Talvez eu deva dar o boné para você? Você precisa de um boné extra? Sabe de alguém que precise?

Foi com prazer que aceitei o boné. Ele está em um lugar especial na minha estante e vai servir, enquanto estiver na minha vida, como uma adorável lembrança do processo de criar novos espaços livres na vida, no coração e no lar das pessoas como Thomas e como você.

"

Não é um **exagero**
dizer que vivemos como se
o **futuro** e o **passado** definissem
o modo como **desejamos**
viver hoje.

A HISTÓRIA DE MAX WONG

―――

MAX WONG, blogueira, produtora, ativista e uma pessoa desorganizada.

Há alguns anos, Max fez um balanço da situação de sua casa em Los Angeles. Se sentindo frustrada e desmoralizada pela dimensão da sua bagunça, Max decidiu que já tinha passado da hora de retomar o controle de uma situação que a sobrecarregava há tempos. Descrevendo a si própria como alguém que tem medo de mudança – não é que não gosta de mudança; ela tem pavor – também havia percebido que a bagunça em excesso interferia em sua felicidade, além de impedir que chegasse ao banheiro.

Então, naquele primeiro dia de novembro, Max escolheu dez coisas para retirar do lugar mais inofensivo e menos dolorido de sua casa, uma gaveta de cozinha. Ela selecionou objetos que sabia que não tinham valor para ela: quatro colheres de pau, um pires antigo sem a xícara, duas caixas de filtros de café de uma cafeteira que ela não tinha, uma bolsinha com ímãs de geladeira velhos e dois utensílios de cozinha cuja função não conseguiu descobrir. Max entrou com os dez itens no carro e foi até o posto de doação mais próximo.

No dia seguinte, ela repetiu o gesto. E assim sucessivamente. Em três meses, Max Wong retirou de sua casa mais ou menos mil e quinhentos itens sem uso e que ela já não queria. No último dia ela disse: "Entrei na minha casa naquele dia e percebi que tudo estava claramente mais arejado". Dezesseis anos depois, Max continua a retirar dez coisas de casa todos os dias.

Quando começou a livrar seu caminho da bagunça e do caos, Max escolheu itens aleatórios que não exercem influência emocional em seu coração ou sua mente. Ela conseguiu jogar fora ou doar velhos lápis e canetas, caçarolas e panelas, louças e velas sem pavio, cartões de visita de pessoas de que ela não se lembrava, livros que ela nunca quis ler, e uma série de itens para casa e bugigangas foram retirados de seu lar de maneira relativamente ágil e sem muito drama.

Ao longo do processo, ela criou algumas regras:

- Não iria para cama a não ser que tivesse removido dez itens até as 23:59 de cada dia;
- A faxina só valia se os itens realmente saíssem de casa;
- Não contabilizava nos dez itens diários coisas que seriam obviamente jogadas fora (caixas de comida, cotonetes usados).

Naquela primeira leva de dez itens, Max poderia ter contabilizado cada um dos ímãs da sacolinha como um item, mas como estavam todos dentro de uma única sacola, ela resolveu que iria contabilizá-los juntos. Estas eram as regras que ela havia estabelecido. À medida que as "coisas fáceis" saíam de casa, ela logo percebeu que também teria que fazer escolhas difíceis sobre outras "coisas". Com o tempo, elaborou outros conceitos e perguntas para ajudá-la a arrumar seu espaço de forma mais consciente e se tornou hiperatenta ao que entrava e o que iria sair de sua vida:

- Qual é o prazo de validade deste objeto na minha vida?
- Como este item vai deixar a minha vida?
- Ser autossuficiente significa ter acesso imediato a todas as ferramentas que eu sei (ou que não sei!) usar?

E ela abraçou o processo de pensar detalhadamente, fazendo perguntas a respeito de cada item que poderia ser descartado:

- Preciso disto? Se sim, em que situação vou usá-lo?
- Se não contemplar uma necessidade *imediata* e me desfizer disto agora, o quão trabalhoso será ter um item similar quando for necessário?

- Se já não tenho o item, há algo que posso usar em seu lugar? Posso pegar emprestado de alguém?
- O valor deste item (monetário ou sentimental) é maior que meu desejo de ter um caminho livre e desimpedido?

A arte do desapego foi já discutida neste livro. Livrar-se de apenas dez itens por dia fornece estrutura ao desejo por espaços livres, refina a prática do desapego. Comprometer-se com dez coisas – por dia, por semana ou por mês – leva a um resultado estruturado, bem-pensado e que funciona bem. A cada dia em que põe em prática o princípio de "descartar apenas dez", você chega mais perto do seu objetivo. Max me disse: "Nos dezesseis anos em que eu venho fazendo isso, sinceramente não me lembro mais de tudo o que me livrei".

Se for capaz de ter uma atitude em que suas necessidades serão sempre atendidas porque pode ser flexível sobre as diversas maneiras como elas podem ser atendidas, aí sim você está no caminho certo para construir a visão de um espaço livre e desimpedido.

Passaram-se treze anos e Max manteve a decisão de remover dez itens por dia e diz: "Às vezes você fica desesperada e joga fora um punhado de potinhos de gelatina". Enquanto lê isso você pode estar pensando: "Putz! Essa tal Max Wong deve ter uma TONELADA de coisas, e se ela ainda está se livrando, bem então... Minha situação não é tão ruim assim!". E eu te digo, em primeiro lugar, a bagunça não é uma questão moral.

Não existe bagunça "boa" ou "ruim" – é só um monte de coisas. Em segundo lugar, somos humanos e estamos constantemente trazendo todos os tipos de coisas para nossa casa, carro e todos os espaços que ocupamos. É possível usarmos algo uma vez apenas. Ou passarmos ao lado de um objeto na sala de estar mais de cem vezes, mas de uma hora para outra nos damos conta de que o item já perdeu sua utilidade. A maioria das pessoas que conheceram a casa de Max descreve a decoração como minimalista. A verdade é que coisas continuam a entrar em nossa vida, para sempre. Temos que ter a nossa definição pessoal daquilo que é ou não entulho. O que te atrapalha no seu desejo de ter uma vida tranquila e livre do caos? Como a bagunça é uma questão bem pessoal, Max me disse que ela teve que "retreinar seus olhos" para aquilo que considerava sua versão de bagunça.

Ela levou seu projeto de desapego para a comunidade. Começou doando dezenas de itens em centros de doação e para amigos que efetivamente usariam o que ela estava descartando. Essas entregas diárias, similares a bazares de família, mas em que ela lucrava ao doar e não ao vender, levou Max a ter ideias novas e criativas sobre como descartar, facilitando, assim, o processo. No seu bairro, ela sempre passava por uns blocos de concreto quebrados que ficavam no canto de um terreno baldio. Ela então passou a descartar ali conjuntos de pratos e panelas de cerâmica já um pouco usadas, ou roupas e sapatos, assim como sabonetinhos e xampuzinhos de hotel. E esses itens já não estavam mais lá na própria noite após o descarte ou no dia seguinte. Conhecida como "Posto de Troca" a área ficou popular para doação de artigos. "Se deposito algo no terreno e o item ainda está ali no dia seguinte, é óbvio que ninguém quer o objeto, virou lixo, e então jogo fora." Ela também organiza sessões trimestrais de troca de livros e roupas com amigos e pessoas do bairro.

Tais esforços comunitários plantaram sementes naqueles que participaram – tanto em seus ambientes pessoais quanto nos coletivos. Somando o ato de descartar dez itens a envolver a vizinhança inteira em organizar a própria tralha, bem, sabemos que muitos desses objetos descartados serão usados por quem realmente precisa.

DESCARTE APENAS DEZ E COMECE OUTRA VEZ: UMA NOVA ABORDAGEM PARA UM VELHO PROBLEMA

―――

O DESEJO de Max Wong de diminuir a bagunça em casa e na sua comunidade me inspirou a criar uma comunidade virtual chamada Clear Just 10, then Do it Again (Descarte apenas dez e comece outra vez) e quem adere se compromete a se desfazer de apenas dez itens por dia. O que você descarta é uma escolha pessoal.

Esse é um programa pensado para os cronicamente desorganizados. A maioria das pessoas com muitas tralhas passa por dificuldades em lidar com a bagunça. Limpar a bagunça é uma empreitada solitária, frustrante e aparentemente impossível de ser realizada. Muitas pessoas desistem antes mesmo de começarem e se justificam, em geral, com os seguintes argumentos:

- Simplesmente não sei por onde começar;
- É desanimador fazer qualquer coisa a respeito;
- Mesmo quando organizo, minha bagunça parece que volta;
- Minha casa é muito pequena;
- Não tenho onde botar minhas coisas;
- Não faço bom uso do espaço que tenho;
- Não consigo arrumar sozinho e tenho vergonha de pedir ajuda;
- Bagunça e desorganização sempre fizeram parte da minha vida e me acomodei a viver no meio do entulho.

Se você se identifica com qualquer uma dessas afirmações, então nossa comunidade é para você!

A premissa: comprometa-se a se desfazer de dez coisas por dia e compartilhe seu progresso com a nossa comunidade virtual. A escolha é sua; você é quem manda.

Junte-se à nossa comunidade fechada no Facebook e conheça pessoas semelhantes que estão dispostas a se comprometer a mudar e transformar sua vida.

- Na página do Facebook posto com regularidade questionamentos e ideias desafiadoras para pensarmos em nossa relação com os espaços bagunçados. Você irá se conectar com outros membros da nossa comunidade virtual que estão prontos e determinados a se comprometer com a mudança.
- Compartilhe suas histórias: o que está descartando, como você vai usar seu espaço depois de organizado, fale do seu progresso e dos seus desafios.
- Poste fotos do que está saindo da sua casa.
- Deem apoio uns aos outros!

Seja responsável pelos seus objetivos junto à nossa comunidade.

MANTENHA O AMBIENTE LIMPO E ORGANIZADO

O DICIONÁRIO Michaelis de português brasileiro define *manter* como:

> conservar em boas condições, fazendo manutenção sempre que necessário; fazer permanecer ou perdurar em determinado estado ou condição; conservar; continuar a possuir ou a existir; preservar.

Essa definição indica que *manter* é preservar o *status quo* (o estado das coisas). Quero que você deixe para lá essa definição. O que estamos fazendo aqui é pensar fora da caixa, ampliar os horizontes a respeito das nossas coisas, do ambiente que nos cerca, e de como nos relacionamos com aquilo que mantemos por acreditar que tais objetos possuem um sentido ou potencial em nossa vida. Se seguir a definição do dicionário você *nunca* vai se livrar da bagunça!

Empresas me contratam para elaborar o que eu chamo de "Dia de Limpar o Caminho". Eu me encontro com os colaboradores antes do evento para discutir com eles o processo de desapego. Algumas pessoas, é claro, possuem total clareza no que diz respeito ao que precisam fazer nos seus espaços de trabalho, outras simplesmente não têm noção. Elas não sabem por onde começar.

No "Dia de Limpar o Caminho", não há expediente na empresa, e os telefones são redirecionados para a caixa postal. Os gerentes pedem *delivery* de comida e colocamos músicas divertidas. Latas para material reciclável são espalhadas pelo escritório. Nos concentramos e começamos a limpar o caminho. Passo em cada cubículo para checar o que as pessoas estão fazendo e como estão organizando seus espaços. Às vezes passo por uma mesa e alguém diz: "Ótimo! A gente finalmente tem a oportunidade de arrumar as coisas". Em outra mesa, me olham com expressão de desolamento e me dizem: "Eu não sei o que fazer", então dedico um tempo a essa pessoa em especial. Depois que todo mundo já começou a organizar, inspeciono como evoluem ao longo do dia. As pessoas que conseguem fazer uma arrumação lógica podem trabalhar sem supervisão. O processo faz muito bem para o moral já que os colaboradores passam a ter muito mais espaço livre nos seus postos de trabalho. É divertido e todo mundo sai ganhando. Além do mais, tenho a impressão de que os gestores efetivamente compreendem que os empregados precisam dedicar tempo para arrumar as coisas.

Os gerentes investem uma quantidade considerável de recursos para limpar o caminho e preservar os espaços recém-organizados. Você não gostaria de fazer o mesmo no seu trabalho? E na sua casa?

Estou ressignificando a definição de *manter* para este novo relacionamento que você desenvolveu sobre como lida com as suas coisas. Antes de começarmos quero que você faça uma revisão do que já fizemos, ou seja, criar afirmações positivas e elaborar os planos para limpar os espaços.

Anote a sua visão, seu motivo para ter um espaço limpo e organizado. Ter uma visão, as palavras e uma mensagem na sua frente são lembretes de por que essa condição é importante para você. Se é verdade que sua visão pode mudar ao longo do tempo, tê-la por escrito ajuda muito a manter o foco.

TAREFA:

Qual é a sua visão? Anote aqui.

_____

_____

_____

_____

Divida a organização em pequenas tarefas. Os organizadores profissionais chamam isso de segmentação. Em uma das minhas palestras, uma cliente comentou que estava completamente sobrecarregada com a quantidade de coisas para organizar. Dei uma sugestão simples: arrumar uma gaveta por vez. Vi uma lâmpada se acender em cima da cabeça dela. Foi uma ideia que ela não havia considerado. Tudo que via era uma bagunça imensa a ser organizada.

Muitas vezes, ficamos tão envolvidos na quantidade de trabalho pela frente que fica difícil encarar a tarefa de maneira fragmentada em pequenas tarefas, pequenas garfadas a serem devoradas uma depois da outra.

TAREFA:

A seguir, divida seu trabalho em partes. Pense nos menores espaços a serem organizados, uma gaveta, uma prateleira, e comece.

Para manter seu espaço arrumado, vou compartilhar algumas ideias sobre como você pode conduzir seus projetos e *manter* seu corpo, espírito, sua mente e o espaço a sua volta desamontodados. Vamos lá.

Uma forma de continuar desamontoando é manter a clareza de ideias. Trata-se de uma atividade diária. Falamos sobre anotar seus motivos e objetivos para se livrar da bagunça. Cada vez que você entrar em um ambiente pense numa coisa simples que você pode fazer para melhorá-lo. Complete os projetos ao longo de uma semana, ou até mesmo ao longo de uns dois meses, mas não deixe de fazer um pouco todo dia. Tenha seus objetivos na sua frente.

 TAREFA:

Por que você escolheu esse período da sua vida para esta tarefa? O que te atrai em uma vida simples e sem bagunça?

___

___

___

___

___

___

___

Escrever funciona como um primeiro passo antes de nos comprometermos com algo. Coloque suas anotações onde você possa vê-las todos os dias. Pode ser no banheiro, na cozinha, na mesa de cabeceira, onde quer que você as veja sem ter que se esforçar.

ANOTAÇÕES

> Você está apegado a coisas ou a pessoas que, por um motivo qualquer, não estão mais na sua vida. **Desapegar** pode fazer com que **questionamentos** acerca de **você** mesmo e de **outros** aflorem.

M.A.I.N.T.A.I.N. [MANTER]: UMA NOVA MANEIRA DE PENSAR E AGIR

▶ MAPEAMENTO MENTAL

Uma boa estratégia para uma atividade diária é o mapeamento mental. Eu amo fazer isso! Fiz um mapa mental quando comprei minha casa e quando comecei a minha empresa.

Para criar um mapa mental, decida um tema. No nosso caso seria um ambiente livre de bagunça, ou talvez, livrar-se de tralhas, ou como você quiser que seu tema se chame.

Compre uma folha de cartolina na papelaria mais próxima e corte-a em duas. No meio de um dos pedaços, em letra de forma, escreva: "Vida livre de bagunça". Folheie revistas velhas, que você já ia doar ou reciclar mesmo, e recorte palavras e imagens que representem sua visão de uma vida sem bagunça.

Quando abri minha empresa, meu mapa mental incluía várias fotos de trilhas sem obstáculos. Eu incluí a foto de um roupão bem confortável, pois queria conforto em minha vida. Também coloquei a imagem de um globo terrestre porque queria que viagens fizessem parte da minha vida e via minha empresa como um meio para me ajudar a atingir esses objetivos. Ainda adicionei ao meu mapa mental um cifrão feito com brinquedo, representando, para mim, que ter dinheiro é divertido.

À medida que imaginava minha empresa, recortava imagens para representar a minha ideia. O mapa mental ficava na porta do armário do meu quarto. Eu queria que ele fosse a primeira coisa que visse quando acordasse e a última quando fosse dormir. Ter uma imagem na minha frente o tempo todo foi um lembrete de onde eu queria chegar com meu trabalho. Não há muitas regras para fazer um mapa mental. Pesquise no Google. Você vai encontrar centenas de exemplos.

▶ AÇÃO

O primeiro "A" de M.A.I.N.T.A.I.N. é de Ação ou Agir. Por exemplo, abra sua correspondência assim que recebê-la e tome uma providência a respeito de cada item que veio no correio. Não deixe as cartas fechadas em cima de uma mesa se acumulando. Só deixe algo entrar em seu ambiente se você tiver um lugar para ele. Faça agora, não depois.

Ao se deparar com algo no seu ambiente que não serve, retire. Agora que seu conceito de bagunça mudou, esse é seu novo normal. Inspecione e identifique o que você não precisa, e sem pensar (ou sentir) duas vezes, elimine. Jogue o item no lixo ou ponha no canto do que vai ser doado. Repita até que seja normal agir dessa forma. Se você mantiver o foco em se livrar da bagunça, menos coisas vão entrar em seu ambiente e mais coisas vão sair dele.

Você vai notar os benefícios de um espaço organizado ao perceber que está cercado por seus objetos sem ter que organizá-los constantemente. *Agir* é um componente importante de como você vai manter a organização.

Você sabia que uma pessoa lê, em média, dois livros por mês? São 24 livros por ano! Dos 8 até os 88 anos, uma pessoa vai ler aproximadamente 1.920 livros! São muitos livros! Mas algumas pessoas possuem mais livros e revistas do que conseguiriam ler durante toda a vida. Se esse é seu caso, desapegue. Se você gosta de livros e revistas, a biblioteca pública pode ser sua melhor amiga. Ou então você pode comprar um leitor digital de e-books, por exemplo.

Escrevi um artigo sobre ter que me desfazer de livros e publicações que usei para escrever minha tese de doutorado. Dei ou doei centenas de livros porque eles não tinham mais utilidade para mim. Não tenho mais amontoados de livros e estou apaixonada pela biblioteca pública!

▸ INFORMAÇÃO

Informar os outros é o próximo passo. No lugar de trazer mais um objeto para a sua vida, peça de presente jantares, ou encoraje seus amigos e familiares a fazerem doações em seu nome para uma entidade beneficente de sua preferência. Fale para as pessoas próximas do seu desejo de minimizar, simplificar e que, se precisar de algo dessas pessoas, você vai pedir. Muitas vezes, durante seus próprios processos de desapego, as pessoas passam suas tralhas a um parente, achando que podem querer tais objetos. A maior parte das pessoas é educada e aceita o item. Meu questionamento é: quem desapega não estaria apenas tentando não tomar uma decisão final e forçando outro parente a decidir sobre o descarte do item?

Converse com as pessoas próximas para que elas saibam que você está neste novo caminho para uma vida mais organizada. Essa ação pode ajudar a manter objetos afastados e te permitirá sustentar o novo estilo de vida. Aprenda a se livrar dos sentimentos negativos sobre sua casa, sua vida e a se livrar dos pensamentos que não te ajudam a atingir seus objetos mais importantes.

Exclua da sua vida as pessoas que não contribuem para o seu bem-estar. Pessoas também?! Sim! É o que eu chamo de "entulho de duas pernas". Às vezes nós mantemos pessoas em nossa vida que não têm motivo para estarem lá. Eu, pessoalmente, prefiro me cercar de pessoas que são alegres e para cima. É muito difícil conviver com pessoas negativas. Elas estão sempre reclamando, possuem complexo de perseguição, ou dizem que não conseguem o suficiente de X, Y ou Z. Essas pessoas odeiam seus chefes e não fazem nada para criarem uma situação melhor para si mesmas.

Esse entulho de duas pernas faz mal. Vou te encorajar a afastar-se de pessoas que te deixam para baixo. Algumas pessoas podem até dizer: "Ah, você não tem tanta tralha. Você não é tão bagunçado". Essas pessoas não estão na sua pele. Não sabem como você se sente em relação ao que a bagunça está fazendo com você. Ou seja, os pessimistas não te acrescentam em nada. É só dizer não! Faça disso um hábito.

▶ NUTRA-SE DE CARINHO!

Nutra-se de carinho. Afague-se com frequência. Crie prêmios por atingir seus objetivos de arrumação. Vá a um bom restaurante, ou se a arrumação foi num sábado à tarde, termine o seu dia com uma bela caminhada, ou vá ao cinema, ou faça algo que te dê prazer. Diversão é uma forma de nutrir-se de carinho e de garantir que seu corpo, mente e espírito se mantenham saudáveis. Eu quero minha mente desobstruída, para assim continuar com atividades que me agradam e me fazem feliz.

Presenteie-se, nutra-se de carinho, encontre um equilíbrio entre vida pessoal e profissional. Conheço muitas pessoas que trabalham bastante, ficam muito cansadas no fim de dia e cuja bagunça impede que aproveitem a vida. Trabalho com um casal que está junto há mais de vinte anos. O maior motivo de desavenças entre os dois é a quantidade de bagunça. Ambos são jogadores de golfe e adoram atividades ao ar livre. Adoram ir para o clube de campo, mas não têm tempo porque se sentem obrigados a arrumar este ou aquele cômodo, mas nunca arrumam. Eles me chamaram para ajudar a ficarem com o caminho limpo e desimpedido. O objetivo é sair de casa e voltar a jogar golfe juntos. Pedi que colocassem esse objetivo no papel e que pregassem na porta da geladeira e no espelho do banheiro. Eles têm os objetivos no centro das prioridades, mas não conseguiram atingi-los sozinhos. Me chamaram e consegui trabalhar com eles, encorajá-los até que se sentissem bem-sucedidos no projeto de desapego. Agora eles passam tempo jogando com os amigos, e não se estressando com a bagunça de casa.

▶ TENHA FÉ

Tenha fé que o processo vai progredir da maneira esperada. Tenha fé que não existe nada que te impeça de atingir os seus objetivos. Tenha fé que suas escolhas – o que manter, jogar fora ou doar – são perfeitas, certas e boas. Tenha fé que a única coisa que pode te impedir de atingir os seus objetivos é, bem, você! Tenha fé que, independentemente de como aborda cada espaço bagunçado, você vai fazer a coisa certa. Tenha fé no poder da sua mente, coração e corpo. Tenha fé que não vai descartar nada que agrega valor à sua vida. Tenha fé que você está agregando valor à sua vida ao se desapegar. Confie nisso: conceba, creia, conquiste.

▸ AVANCE

A próxima palavra é *avance*. Mantenha o impulso inicial. Dê pequenos passos, caso isso seja necessário, mas continue seguindo em frente. Você quer passar adiante as ferramentas recém-adquiridas para seus amigos e familiares em situações parecidas, e promova a ideia de que é possível livrar-se da bagunça.

Muitas vezes esse é um processo muito solitário. Estimulo as pessoas a se juntarem a outro amigo que também sofra com a bagunça, alguém próximo que não as julgue, e se ajudem mutuamente. Façam disso um projeto. Façam parte um do calendário do outro. Apoio mútuo. Você quer alguém que te diga: "Olha, isso nunca ficou bem em você mesmo, desapega," sem você se sentir ofendido. É claro que quer alguém que seja amoroso, gentil e bondoso, assim como você é com esse alguém. Se algo é muito desafiador e você está evitando se desapegar, talvez queira uma companhia. Essa pessoa pode ir até a sua casa e fazer uma atividade qualquer enquanto você examina suas montanhas de papéis.

Esse sistema de encontrar uma companhia funciona bem para as pessoas que adiam e que não querem enfrentar um projeto específico. Conheço uma organizadora profissional que sofre de uma forma severa do transtorno do déficit de atenção e que trabalha fantasticamente bem com os clientes. Quando tem que enfrentar sua própria bagunça, ela se sai muito bem quando chama uma amiga que não faz nada além de ficar no cômodo enquanto a organizadora profissional lida com a pilha de papéis que vinha evitando.

Outra amiga tinha a cabeça repleta de lixo mental. Ela sempre fazia pouco de si mesma, dizendo que não era boa ou inteligente o suficiente. Ela nem percebia a frequência com que fazia isso. Eu disse para ela que queria ajudá-la a abandonar essa mentalidade. Ela concordou e me deixou chamar sua atenção pelo seu lixo mental. Sempre que eu ouvia algo negativo sair da sua boca, eu dizia: "Ei, você está fazendo de novo. Você acabou de falar X. Vamos substituir isso por alguma coisa diferente". Ela ficou surpresa porque não se dava conta da frequência com que ela fazia pouco de si mesma.

▶ INVISTA

Invista na sua decisão de se livrar da bagunça e comunique essa decisão para as pessoas em quem confia e que você acredita que irão apoiar o processo, o seu desejo de ter um caminho livre e desimpedido. Invista em você: trabalhe com um organizador profissional, um coach e/ou um terapeuta para te ajudar a dar o pontapé inicial, te ajudar a passar pelos momentos difíceis ou simplesmente para ser mais um membro da sua equipe de apoio. Invista em um amigo: ajude um amigo a organizar e peça que seu amigo retribua o favor. Invista na visão que você está criando para o seu ambiente organizado. Ela é sagrada – construa a partir dessa visão, seja criativo, permita-se antever como seu novo ambiente vai ficar, vai soar e como você vai se sentir nele.

▶ NUNCA

Nunca... no estilo *Nunca desista!* Se sua bagunça é imensa, permita-se um ou dois anos para arrumá-la, nada precisa mudar da noite para o dia. No final das contas, este trabalho é um processo e você não criou sua bagunça da noite para o dia, então você sabe que não precisa fazer as mudanças em uma semana. Faça o seu mapa mental, convoque a ajuda de um amigo ou de um profissional, escreva um plano de ação (qual cômodo ou área arrumar antes, e a seguinte etc.). Nunca deixe de acreditar na sua capacidade de levar a cabo as suas decisões. E nunca, nunca, nunca, pare de acreditar em VOCÊ!

CONCLUSÃO

ARMÁRIOS ABARROTADOS e resíduos psíquicos são hábitos adquiridos. Da mesma forma que você trouxe a bagunça até o seu espaço, você está permitindo que ele deixe o seu espaço. E, mesmo que muitas vezes o lixo mental venha ser a consequência de muitas coisas: mensagens de infância, amigos negativos, ou baixa autoestima – uma gama de ferramentas está disponível para ajudar a limpar a sua mente e ter uma vida mais produtiva.

O fato de você ter encontrado e lido este livro já te diz algo: você reconhece que tem um problema, mas ainda não desistiu de si mesmo! É importante que saiba disso. Tire proveito de tudo que está disponível para garantir o seu sucesso. Tenha uma boa noite de sono antes do início do seu projeto e não se esqueça de tomar um bom café da manhã no dia em que for começar. Se você sofre de transtorno do déficit de atenção ou caso se sinta um pouco agitado, use um cronômetro. Peça a ajuda de um amigo. Ponha uma boa música e dance enquanto faz a triagem. Crie rituais para ajudar a desapegar. Resumo da ópera: faça o que for necessário para garantir o seu sucesso.

Eu acredito em você.

"**Não é** porque algo trouxe felicidade no passado que **precisa ser guardado** para sempre."

Melva Green, psiquiatra

AGRADECIMENTOS

MINHA EMPRESA *A Clear Path* (Um Caminho Livre) cresceu desde a publicação deste livro. Nestes últimos anos criei duas novas divisões nos meus domínios. *Silk Touch Moves and Relocations* (Transportes e Mudanças Toque de Seda) presta serviços profissionais de limpeza e organização de espaços. Neste ano abri *Regina Lark Consulting* (Regina Lark Consultoria). Como vocês viram, passei bastante tempo focando nos assuntos relacionados à administração do tempo, produtividade e a evitar a procrastinação. Minha nova empresa de consultoria foi criada para prestar treinamento e consultoria para executivos, gestores e suas equipes.

Duas palavras são usadas com o mesmo sentido ao longo do livro: *resíduos psíquicos* e *lixo mental*. A primeira vez que ouvi a expressão *resíduos psíquicos* foi no Agape Iternational Spiritual Center (Centro Espiritual Internacional Ágape) em Culver City, Califórnia. O reverendo Michael Beckwith descreveu que a negatividade dos resíduos psíquicos nos afasta de encontrarmos o nosso caminho. Ann Connor, coach de negócios de primeira linha, foi quem me apresentou o conceito de *lixo mental*. Começar como empresária e empreendedora dava medo, mas a Ann fez com que eu pusesse minha nova jornada em perspectiva.

No meu trabalho de organizadora profissional posso ver de perto o peso esmagador que o pensamento negativo exerce na vida de algumas das pessoas mais gentis, inteligentes e desorganizadas com as quais eu tive o privilégio de trabalhar.

Minha mãe me deu a oportunidade de trabalharmos juntas nos seus próprios projetos de organização, e por isso eu a agradeço. Ela é talentosa, inteligente e uma mulher fantástica em todos os aspectos, e eu reconheço seus muitos talentos. Meu pai, que é psicólogo, me ajudou a notar alguns dos desafios que meus clientes podem enfrentar no processo de revelar, descartar e redescobrir as coisas que estão escondidas.

Eu sou grata ao aconselhamento de Ken Rohl e Larry Haas. Ken me influenciou muito na minha habilidade de ser focada e de fazer minha empresa crescer de maneira produtiva e sadia. A orientação de Larry em técnicas de apresentação e nossas conversas sobre tudo que é ligado à produtividade me dão as ferramentas para eu me apresentar como uma treinadora confiante. Barbara Gottlieb fez e cuida do meu site; projetou todo o meu material de papelaria e marketing, e desenhou a capa original do livro. Barb, seu apoio e ideias me mantêm competitiva e saindo bem na foto. E Ronni Sanlo, PhD em Educação – minha melhor amiga, Palie, alma gêmea – eu não poderia estar nas mãos de melhores editores. Não há palavras.

É um esforço coletivo.

Regina F. Lark,

Los Angeles, Califórnia.

REFERÊNCIAS

GREEN, M. & ROSENFELD, L. *Breathing Room: Open Your Heart by Decluttering your Home.* Nova York: Atria Books, 2014.

HAY, L. *Você pode curar sua vida.* Rio de Janeiro: BestSeller, 2018.

HILL, N. *Quem pensa enriquece.* Porto Alegre: Citadel, 2018.

KOLBERG, J. *Conquering Chronic Disorganization.* Decatur: Squall Press, 2007.

KOLBERG, J. *Getting Organized in the Era of Endless.* Decatur: Squall Press, 2013.

KOLBERG, J. & NADEAU, K. *ADD-Friendly Ways to Organize Your Life.* Nova York: Routledge/Taylor & Francis Group, 2002.

MORGENSTERN, J. *Time Management from the Inside Out: The Foolproof System for Taking Control of Your Schedule--and Your Life.* Los Angeles: Holt Paperbacks, 2004.

NAKONE, L. *Organizing for your Brain Type.* Nova York: St. Martin's Press, 2005.

SOLDEN, S. *Women with Attention Deficit Disorder: Embrace your Difference and Transform your Life.* Nova York: Underwood Books, 2005.

TOMPKINS, M. & HARTL, T. *Digging Out: Helping Your Loved Ones Manage Clutter, Hoarding, and Compulsive Acquiring.* São Francisco: New Harbinger Publications, 2009.

TOWLES, A. *Um cavalheiro em Moscou.* Rio de Janeiro: Intrínseca, 2018.

TUCKMAN, A. *Understand Your Brain, Get More Done: The ADHD Executive Functions Workbook.* Los Angeles: Specialty Press/A.D.D. Warehouse, 2010.

VARNESS, K. *The ICD Guide to Challenging Disorganization.* Nova York: Institute for Challenging Disorganization, 2012.

> Há **duas maneiras** de você conseguir manter o **caminho livre.** Uma é desenvolver um **relacionamento** melhor com o **tempo**, e a outra é **alimentar** sua mente com **mensagens positivas** sobre você.

Este livro foi composto com tipografia Adobe Garamond Pro e
impresso em papel Off-White 70 g/m² na Formato Artes Gráficas.